J. BOULANGER

MAT GIOI

LE TONKIN ACTUEL

1887-1890

AVEC TROIS CARTES

DEUXIÈME ÉDITION

PARIS
NOUVELLE LIBRAIRIE PARISIENNE
ALBERT SAVINE, ÉDITEUR
12, rue des Pyramides, 12

Tous droits réservés

LE TONKIN ACTUEL

EN VENTE A LA MÊME LIBRAIRIE

Collection in-18 jésus à 3 fr. 50

ENVOI FRANCO CONTRE MANDAT OU TIMBRES-POSTE

RAOUL BERGOT
L'Algérie telle qu'elle est, 2ᵉ édition............ 1 vol.
V. ALMIRALL
L'Espagne telle qu'elle est, 2ᵉ édition............ 1 vol.
Dʳ A. CORRE
Nos Créoles, 2ᵉ édition......................... 1 vol.
Dʳ BASCH
Maximilien au Mexique, 2ᵉ édition............... 1 vol.
HENRI CONTI
L'Allemagne intime, 4ᵉ édition................... 1 vol.
TH. CAHU
L'Europe en armes, 3ᵉ édition.................... 1 vol.
LÉON DELBOS
Les deux Rivales, l'Angleterre et la France..... 1 vol.
FOUCAULT DE MONDION
Quand j'étais mandarin.......................... 1 vol.
FRANÇOIS LOYAL
L'Espionnage allemand en France, 3ᵉ édition.... 1 vol.
X. MERLINO
L'Italie telle qu'elle est, 2ᵉ édition............... 1 vol.
FÉLIX NARJOUX
Francesco Crispi, 2ᵉ édition..................... 1 vol.
HONORÉ PONTOIS
Les Odeurs de Tunis, 5ᵉ mille................... 1 vol.

***

La Triple Alliance de demain.................... 1 vol.

Imp. du Progrès. — Cʜ. Lépice, 7, rue du Bois, Asnières.

MAT GIOI

LE
TONKIN ACTUEL

1887-1890

PARIS
NOUVELLE LIBRAIRIE PARISIENNE
ALBERT SAVINE, ÉDITEUR
12, RUE DES PYRAMIDES, 12

1891
Tous droits réservés

Aux bataillons coloniaux de la légion étrangère, quatre fois disparus, quatre fois remplacés, bandes d'hommes sans patrie, sans famille, sans avenir, s'exposant, sans souci d'être récompensés, ni même d'être vus, dans le chemin du plus rude devoir qui soit au monde; vainqueurs aux pieds nus du Tonkin et de l'Annam, marchant dans l'eau, couchant dans la boue, n'ayant ni vin à boire ni pain à manger;

A mes camarades en souffrance, trahis par leurs corps débiles, qui ont trouvé dans les brousses impénétrables le tombeau ignoré qui convenait à leur existence anonyme; modestes héros, qui accomplirent des tâches surhumaines avec la froide régularité d'une mécanique, marchant sans espoir et succombant sans murmure; tombés, morts silencieux, le long des funèbres étapes conduisant aux régions extrêmes,

CE LIVRE EST PIEUSEMENT DÉDIÉ

LE TONKIN ACTUEL

CHAPITRE PREMIER

LE TONKIN OU L'ON S'AMUSE

Depuis l'année 1886, le Tonkin est entré dans une nouvelle phase. D'une colonie côtière, nous avons fait une domination territoriale, et notre empire intérieur est aujourd'hui le plus clair de notre puissance en Extrême-Orient. Le point de vue auquel le Tonkin doit être étudié, compris et gouverné a donc, du tout au tout, changé.

Il y a des gens qui prétendent connaître le Tonkin sans avoir jamais perdu de vue les rizières du Delta; ceux qui sont venus ici pour voir tout, n'ont pas exercé leur talent d'observation au delà de Sontay et de Hunghoa. Les habitants du Delta sont d'humeur casanière; celui qui s'est héroïquement hasardé en canonnière jusqu'à Chôbo ou Tuyenquan, passe pour revenir des Enfers, et on l'écoute comme un oracle. Les voyages de nos résidents et de nos chefs militaires n'ont pas dépassé la limite de grande navigabilité de nos fleuves, laquelle n'est pas bien éloignée de la mer.]

M. Bert n'a guère quitté Hanoï ; M. Bihourd non plus ; M. Richaud, plus entreprenant, a été jusqu'à Hunghoa. Le général de Courcy avait été jusqu'à Thanmaï, à une époque où Thanmaï, qui est en plein Delta, était la limite de nos possessions. Le général Bégin fut annoncé comme un audacieux. Il alla, en effet, sur la rivière Noire, jusqu'à Chôbo, en canonnière toujours ; mais son deuxième voyage le refroidit : il monta jusqu'à Tuyenquan ; quand il en voulut partir, les eaux avaient baissé ; sa canonnière s'ensabla, on télégraphia pour en avoir une deuxième, qui monta sans encombre, et qui, en redescendant, s'ensabla auprès de la première. Une troisième canonnière, qui vint à la rescousse, ne put pas monter, et se coucha sur le flanc à hauteur de Phûdoan. Le port d'Hanoï était vide ; toute la flottille disponible du Tonkin était en panne sur le sable. Le général en chef se décida à redescendre en sampan, par une pluie battante, et fit dans son bon poste de Vietri une entrée qui n'avait rien de solennel. Cela le dégoûta des voyages; en rentrant à Hanoï, il jura de ne plus dépasser les limites de la garnison. Et, en homme d'honneur, il tint son serment.

C'est dans la limite du Delta, dans la zone du *Tonkin où l'on s'amuse*, que grandit l'expérience de nos chefs ; encore leurs changements précipités ne permettent-ils pas à cette expérience d'avoir des cheveux blancs. Chacun de nos fonctionnaires qui débarquent, chacun de nos députés qui viennent ici, soucieux d'apprendre quelque chose sur notre situation, se laisse aller aux délices de Capoue, déguste des primeurs, va au cercle, parie aux courses, boit à la glace, et se déclare satisfait de la colonie. Ce n'est pas ainsi que l'on remédiera à des douleurs que l'on ignore. Le *Tonkin où l'on souffre* n'a jamais été vu par ceux qui auraient pu, non pas le décrire savamment, mais améliorer le sort de ceux qui l'occupent.

Quant à ceux qui parlent des souffrances, des fatigues, des malheurs supposés entre la mer et les muongs (1) des montagnes, ils sont en réalité aussi heureux qu'en France; ils ne connaissent rien, et ils le savent, des vraies souffrances de la colonie; ils cherchent à attraper au passage une pitié qui va à d'autres, et le narrateur *de visu* qui a goûté leur farniente, leur large existence de gens peu surveillés, et qui les entend se plaindre de leurs misères, ne peut que leur donner un solennel démenti.

Il se pouvait, en 1886 et en 1887, que la situation du Delta donnât un aperçu assez exact, quoique embelli, de la situation générale du Tonkin; en effet, en dehors du Delta, cette contrée basse, chaude, fertile, qui s'étend de Ninhbinh à Chôbo, Yenluong, Tuyenquan et Phulangthuong, il n'y avait que deux régions soumises à notre domination : 1° la région de Langson, due à Brière de l'Isle et à Négrier, comme on leur doit Sontay, Bacninh, Hunghoa et le reste, est séparée du

---

1. Muong : village des régions hautes.

Delta par les montagnes de Kep, dont les eaux sont tributaires d'un fleuve chinois ; c'est une région moyenne, tempérée, saine, peu éloignée du centre, et où abondent, tant par Phulangthuong que par Dongdang, les objets et les denrées nécessaires à l'existence ; 2° la région du haut fleuve Rouge, séparée du Delta par une province malsaine et déshéritée, que nous a conquise le colonel de Maussion, si mal récompensé depuis, a pour centre Laokai et est un petit paradis ; les chaleurs n'y sont pas fortes ; le climat est sain ; relativement, il n'y a ni fièvres mortelles ni choléra ; la terre y est féconde, les légumes de toute espèce y croissent. Et c'est le seul endroit du Tonkin où l'on puisse semer et récolter des pommes de terre, des oignons, des graines françaises, et des fruits comme les cerises, les pêches, les pommes et le raisin.

Il n'y avait qu'une note sombre dans le Tonkin d'alors, c'était le pays de montagnes entre Yen-Luong et Pholu, où trois de nos postes étaient installés sur le fleuve Rouge ; Thanquan (remplacé depuis par Yenbay),

Lam et Bahoa. Nous y avions également deux postes sur le Songchai : Phuanbinh et Lucanchau, et un sur le Nam-Moun, Tanhuyen. A part cela, nous ne possédions que des régions maritimes, et relativement florissantes.

Il n'en est plus ainsi aujourd'hui. Pour étendre notre autorité jusqu'aux anciennes frontières d'Annam, le Protectorat a fait former, en 1888, deux colonnes, qui nous ont donné plus de terrain qu'il n'y en avait dans le Tonkin tout entier. La colonne du Nord, commandée par le colonel Servière, après nous avoir affermis à Hayang, récente conquête de la légion étrangère, nous donna toute la haute rivière Claire et le haut Songgam, la région de Caobang, toute la contrée mal connue dont les lacs Babé occupent le centre, ne laissant plus aux Chinois entre nos anciennes possessions et nos nouvelles conquêtes, que la ligne de refuge, Chochu-Chomoï, enlevée seulement en 1889.

Les colonnes du Sud, dirigées par le colonel Pernod et le commandant Oudry, sur les traces laissées en 1886 par le commandant

Bercand, ainsi que la colonne supplémentaire du capitaine Louvel, nous valurent la vallée entière de la rivière Noire, ou Song-Bô, depuis Chôbo jusqu'en Chine, dix *chaûs* (1) entiers que nous n'avions jamais explorés, ceux de Phuyen, Maïson, Moc, An, Quimhai, Sonla, Laï, Tuangiao, Luan, Tuan, où nous installâmes trois postes principaux : Vanyen, Sonla, Laï. Enfin la mission Pavie nous fit, à la fin de 1888, occuper le dernier des seize chaûs, celui de Dienbien, grand à lui seul comme cinq autres, plus une étendue de six jours de marche sur les frontières contestées du royaume de Siam. Ainsi fut complété un territoire immense, réunissant Song-Bô et Song-Ma, qui ne peut être comparé comme longueur qu'à la vallée du fleuve Rouge, et qui la dépasse en superficie.

Tous ces pays sont pauvres, montagneux, malsains. On n'y récolte que de mauvais riz, on n'y fait pas de commerce ; l'habitant y est

---

1. Chaû : division territoriale et féodale des peuples montagnards de langue thaï. Ces dix chaûs portent, en thaï, les noms de Phuyen, Maïson, Moc, An, Moctien Muongla, Laï, Muongkhai, Muey, Luan.

rare. Dans ces régions, l'Européen, abandonné à lui-même, succombe à la fois sous les privations, les fatigues, les maladies et la misère physiologique.

Il n'est donc plus juste du tout de voir le Tonkin tout entier dans le Delta, ou dans la région de Laokai, ou même dans celle de Thanquan. Et l'occupation de nos nouveaux territoires réduit à néant les observations et les conclusions de tous nos voyageurs et raisonneurs officiels.

***

Haïphong et Hanoï jouent aujourd'hui aux Européennes. Haïphong a un champ de courses à l'instar de Deauville, des bains de mer rustiques singeant Berck, un hôtel dans le genre du Righi-Kulm, et va se faire cadeau d'un pont tournant en fer comme le pont de Kehl. Cette ville possède en plus 557 Européens, d'après le dernier recensement, quelques brasseries et plusieurs pianos. Le port, formé par un bras du fleuve Rouge et par une dérivation de peu de profondeur, le Song-Tambac, devrait être toujours rempli de bateaux de tous les pays. Il n'en est pas ainsi : on n'y voit jamais, quand on y voit quelque chose, qu'un vapeur allemand et un vapeur danois, qui font la navette entre Haïphong et Hong-Kong pour l'exportation.

Le port d'Haïphong a un gros inconvénient : il n'est pas accessible aux marées basses; la barre du Cuacam en interdit l'entrée; les transports un peu chargés ne peuvent jamais la franchir, et sont obligés de débarquer troupes et marchandises en baie d'Along; ces troupes et ces marchandises sont ensuite transportées à Haïphong par des bateaux à fond plat.

Haïphong, port de débarquement fondé par la guerre, n'est pas en odeur de sainteté auprès de la marine et des officiers de la flotte. Leur port préféré est Hongay, grande baie ouverte, très sûre, que peu de travaux rendraient très bonne et qui a l'avantage de se trouver près des charbonnages. Les colons d'Haïphong, ayant toujours suspendue sur leurs têtes, la menace de voir transférer à

Hongay les établissements maritimes, n'entreprennent sur leur place aucun des travaux capables de faire de leur ville une grande cité. Comme, d'autre part, Hongay n'est pas à proximité des fleuves du Delta et des pays où les troupes et les marchandises ont affaire, et qu'on n'a pas le premier sou pour faire des voies de communication, il s'ensuit que nous n'avons nulle part un port convenable, et que cette situation durera tant qu'une décision définitive ne tranchera pas la question entre les deux rivales. La population actuelle de Haïphong n'atteint pas 15,000 âmes.

C'est à Haïphong que s'est passée la célèbre affaire, dite de la contrebande d'armes. Un colon suédois-allemand, Oberg, installé sur la rive gauche du Cua-Cam, profitait de ses relations à l'intérieur pour faire passer des fusils aux bandes du doc Tich et du doï Van; bien que la rumeur publique l'en accusât, il ne put jamais être pris sur le fait.

Le résident de Haïphong, M. Ch. Depincé, qui a été déféré au Conseil supérieur de l'Indo-Chine, connaissait, dit-on, ce trafic; en tous cas, il laissait la bride sur le cou à Oberg, auquel, prétend la rumeur publique, il devait de l'argent, prêté de la main à la main pour parfaire des différences de jeu. Des dénonciations anonymes ne furent pas accueillies, et le résident fut ouvertement soupçonné. Lorsque doc Tich fut fait prisonnier, Oberg simula la banqueroute, et s'enfuit. Dans une séance restée mémorable parmi les conseils de guerre de l'Indo-Chine, doc Tich dénonça Oberg; on arrêta son frère, ses serviteurs, et la lumière fut faite sur les dettes et les imprudentes complaisances de M. Depincé vis-à-vis d'Oberg.

Les choses n'ont jamais été plus loin; c'était d'ailleurs un fait isolé; car le successeur de M. Depincé, le résident de Laurans-Charpal, n'eut jamais à sévir contre une entreprise du même genre.

*
* *

Hanoï, capitale du Tonkin, après avoir été la résidence, d'abord du général gouverneur, puis du gouverneur général, est aujourd'hui celle du gouverneur général d'Indo-Chine et du général en chef; devenant ainsi, au détriment de Saïgon, la véritable capitale de notre empire. C'est aussi la résidence du Kinhluoc, vice-roi du Tonkin, d'un Tongdoc (1), du chef de la justice, des vice-ministres du roi et d'une quantité de mandarins, lettrés et bureaucrates indigènes; car, sous le rapport administratif, l'Annam n'a rien à envier à la France.

Hanoï est formé de la réunion de cent huit villages, qui constituent une population d'environ 125,000 habitants, écarts compris. Les Européens y sont moins nombreux qu'à Haïphong, si on ne compte pas l'élément militaire. Leur quartier se compose actuellement de larges boulevards bien percés, et l'exécution des récents projets de la municipalité en fera sans contredit la plus belle cité d'Extrême-Orient. Au delà de la citadelle, qui n'a pas moins de 9 kilomètres de tour, se trouve un grand lac, autour duquel une suite de chaussées constitue la promenade favorite

---

1. Tongdoc: chef indigène d'une province.

des colons, le tour du lac annamite. Hanoï, récemment érigé, ainsi que Haïphong et Tourane, en territoire français, possède deux ou trois hôtels, autant de cafés, un champ de courses, deux journaux, un cercle, un conseil municipal, quelques horizontales de troisième marque, une salle des ventes, un tir aux pigeons, un restaurant de nuit, un tribunal de commerce et un mont-de-piété. Le seul essai de théâtre français qui ait été fait jusqu'ici, 1889, a complètement réussi, et donne espoir en l'avenir.

Hanoï a des trottoirs et des réverbères; tous les Européens habitent des maisons à la française. C'est le commencement des délices de Capoue. La ville annamite est à présent construite tout entière en pierres. Les rues populeuses et commerçantes ont un aspect original qui a été cent fois décrit. Comme dans tout le Tonkin, il n'y a pas de voitures, mais des « pousse-pousse » tirés par deux Annamites au galop de leurs maigres jambes. La ville n'a pas de port; il y avait des quais, commencés par M. Bert; son successeur les a interrompus; les crues les ont à peu près emportés. Il y a aussi une mission catholique et une cathédrale, chef-d'œuvre de grandeur et de laideur, avec ses ogives alternativement blanches et noires. Enfin, il y a de beaux environs, où l'on peut faire des promenades, sans toutefois traverser le fleuve, sur la rive gauche duquel se promènent les coupeurs de têtes.

Tels sont les traits principaux de cette capitale, où un objet de luxe, tel qu'une paire de chaussettes, coûte un dollar, si on veut pouvoir les laver une fois.

Sontay, Hunghoa, Bacninh ne sont pas encore civilisés. Mais ce sont des centres importants où le commerce marche. Avec ses 140,000 habitants, ses fabriques d'incrustations et ses sculptures sur ivoire, Namdinh est la ville la plus peuplée et la plus industrieuse de notre empire d'Indo-Chine.

*
* *

La vie, dans les postes du Delta, est aussi agréable que peut l'être celle des villes, plus même encore; car le service y diminue, et l'étiquette y disparait. Une existence large, plantureuse, que beaucoup préfèrent à celle qu'ils mèneraient en France ; les plaisirs physiques permis dans une large mesure, recherchés dans une plus large encore ; des reconnaissances dans un pays abondant, pays de plaine et de rizières, qui dégénèrent en promenades ; la chasse à tous les oiseaux possibles, oies sauvages, poules de riz, poules sultanes, bécassines, perdrix, perruches, aigrettes, faisans, coqs de pagode et de bruyère, à quelques variétés de gibier, cerf, sanglier, chat sauvage ; des colonnes dans des contrées où il y a des chemins, vers des arroyos sur lesquels il y a des ponts, dans des villages où il y a des vivres, où la gaieté naît de l'imprévu, et où le pain manque au milieu des conserves truffées ; au retour, un farniente bien gagné, coupé de quelques travaux de jardinage ; de longues traites sur les petits chevaux d'Annam, le crayon à la main, relevant les pays que nul n'a jamais couchés sur une carte, avec la licence de faire des croquis, si le topographe est doublé d'un paysagiste ; l'élève d'une foule d'animaux domestiques, ou que l'on fait tels; la culture de terrains fertiles, où l'on sème avec amour des graines venant de France; le soin de la conservation individuelle et la préparation des repas quotidiens élevée à la hauteur d'une institution; enfin la plus grande latitude laissée à la liberté et à l'initiative de chacun : telle est, dans les postes du Delta, la vie de l'officier, du soldat et du colon.

Tous les postes du Tonkin, devant répondre à peu près aux mêmes nécessités, se ressemblent dans leurs traits principaux. En ajoutant ou en retranchant du confortable, la description d'un seul suffit pour donner une idée de tous les autres. Un modèle du genre était le poste de Vietri conquis en 1885 par le commandant Béranger, poste important à l'extrémité nord du bas Delta.

Placé au confluent du fleuve Rouge et de la rivière Claire, sur la rive gauche de l'un et la rive droite de l'autre, entouré de rizières, et s'annonçant de loin par six énormes banians au perpétuel ombrage, Vietri avait une situation saine et un excellent climat. Le soleil ardent qui tombait sur ses plaines lui épargnait les humidités vespérales; le vent qui venait le long des cours d'eau lui apportait la fraîcheur salutaire, et empêchait pendant la nuit la formation des brouillards des fleuves. On n'y voyait guère de maladies en dehors de celles que propageait parfois son ambulance d'évacuation, et des épidémies annuelles de choléra. Deux pagodes abandonnées avaient primitivement servi de poste. Autour d'elles, des cainhas (1) en paillottes s'étaient élevées, et avaient constitué le Vietri primitif d'après la conquête. Peu à peu l'industrie indigène très prospère des briqueteries reprit son cours normal, et bientôt on vit s'élever successivement un pavillon pour le commandant d'armes, un autre pour les officiers de passage, un pour le service des postes, une splendide caserne à chambres vastes et bien aérées, enfin une magnifique ambulance à deux corps de logis. Tous ces bâtiments étaient séparés du sol par une épaisse couche de béton; des vérandahs et des balcons couraient à chaque étage aux quatre côtés des cons-

---

1. Cainha : maison annamite.

tructions; de larges baies formaient portes et fenêtres. Une avenue ballastée, servant en même temps de digue, longeait les quatre côtés de l'étang intérieur, et reliait les bâtiments entre eux. De grands magasins administratifs et une boulangerie s'élevèrent à côté d'une des pagodes transformée en transit; devant elle, des cocotiers royaux élevaient leurs tailles rigides. Deux fours à briques, un grand jardin potager, un parc aux bœufs, quatre ou cinq popottes, le casernement en torchis d'une section de tirailleurs, une pagode flottante, l'inévitable cimetière, et, sur la rivière Claire, le petit port creusé pour recevoir l'appontement des chaloupes des Messageries fluviales, complétaient la physionomie du poste.

Vis-à-vis de Vietri, sur la rive gauche de la rivière Claire, enclos au nord par le Songday, au sud par le fleuve Rouge, s'étendait, sur une longueur de 2 kilomètres, la double rangée de maisons, l'une sur terre, l'autre en plein fleuve sur radeaux, qui constituait la bourgade de Bac-Hat. Cette agglomération de 5 à 6,000 habitants était administrée par un lithuong (1), un caitong (2) et un bourreau, et si les deux premiers ne faisaient rien, le troisième n'occupait pas une sinécure.

Un des plus riches marchés du Tonkin se tenait sur la place du village une fois par semaine ; on y vendait de tout, depuis le nuoc'-man (3), jusqu'à l'anis mandarin, en passant par les schoum-schoum (4) vulgaire et les remèdes contre la fièvre ; depuis le poisson des arroyos (5) fangeux et la viande de porc salée jusqu'au fin chevreuil tué de la veille et aux soles de la baie d'Along, depuis le moustiquaire de toile jusqu'aux turbans les plus riches ; depuis la paire de sandales en bois jusqu'au chapeau chinois en papier doré, orné de verroteries, destiné à parer l'autel domestique. C'était une vente qui durait tout le jour avec un acharnement incroyable de la

1. Lithuong : maire de village.
2. Caitong : fonctionnaire aux ordres du quanhuyen ; ce dernier est le chef indigène d'un huyen, division territoriale.
3. Nuoc-man : condiment composé de vinaigre et de poissons pourris.
4. Schoum-schoum : eau-de-vie grossière faite avec du riz.
5. Arroyos : dérivation latérale des fleuves et rivières.

2.

part des vendeurs et des acheteurs, au milieu des cris les plus discordants ; ce jour-là la population du village était doublée, et les arrivants couchaient à la belle étoile. Le soir, les Chinois qui tenaient la maison de jeu faisaient quadruple recette, et longtemps dans la nuit on rencontrait des nhaqués (1), ivres d'opium et de schoum-schoum. A la porte du Sonkoi, un bacchanal effréné régnait ; les joueurs heureux s'y réunissaient en agapes nocturnes, où les cris des porcs égorgés ne dépassaient pas les clameurs des convives, et où des bacchantes autorisées offraient aux plus fortunés des plaisirs faciles.

Bac-Hat possédait encore une ferme d'opium, un péristyle de supplices, un monastère de vieilles femmes, et trois ou quatre pagodes, consacrées les unes au Dieu souverain, la dernière à un génie indigène, dont les prêtres-savants, eux-mêmes, n'ont jamais pu me débrouiller la personnalité ni l'histoire.

1. Nhaqué : paysan.

*
* *

La région comprise entre Sontay, Hunghoa et Tuyenquan, mérite une description spéciale ; car c'est là qu'en 1888 et 1889, les rebelles ont établi le centre de leurs opérations, et qu'ont eu lieu les derniers attentats et les dernières répressions.

Trois postes maintenaient cette région, outre Vietri :

Batlieou, sur la rivière Claire, supprimé depuis, à 28 kilomètres au-dessus du confluent. Ngoctap, supprimée également sur le fleuve Rouge, à 10 kilomètres en amont de Hunghoa ; enfin Daïluc, dans l'intérieur des terres, à 32 kilomètres de Vietri, auquel le reliaient des sentiers détestables. Cette région militaire appartenait comme juridiction indigène aux phus (1) de Lamtao et de Vinhtuong. Les quanhuyens de Phuninh et de Anlac secondaient les deux chefs de phus dans les détails des affaires indigènes (2).

1. Phu : division territoriale.
2. Les postes actuels sont situés à Lamxuyen, Vinhtuong et Aïlien, et sont occupés par des milices indigènes.

C'était tout pays de plaine, à de rares exceptions près ; la plaine du Lamtao notamment, et celle de Dongvé dans le Vinhtuong phu, étaient les plus beaux spécimens des rizières riches et incalculablement étendues. Un bon chemin, ancienne route mandarine, traversait en une seule ligne droite, longue de 7 kilomètres, cette plantureuse contrée, où des étangs, pittoresquement égrenés, nourrissaient un peuple d'oiseaux sauvages ; une foule de villages, cachés dans leurs chevelures de bambous, s'échelonnaient tantôt sur le chemin, tantôt en pleines rizières, depuis Noluc, cainhas riantes que dominait une pagode transformée en chapelle catholique tenue par un prêtre indigène qui ne savait que le latin, et où, sur l'hôtel bouddhique, orné encore des géants et des tigres à face humaine, se trouvait simplement un crucifix de bambous : jusqu'à Lamtao, ancienne citadelle chinoise, largement bâtie, avec des fossés profonds et des remblais de terre fort épais. Cette citadelle est aujourd'hui abandonnée ; les broussailles ont envahi l'intérieur et les remparts ; il n'y loge plus personne, et les quelques nhaqués, qui étaient venus s'abriter à son voisinage, se dispersent de jour en jour. Le quanphu (1) habite à vingt minutes de là, à Caomai, où se tient un très grand marché. Quoique n'ayant pas de fortifications, Caomai, avec ses enchevêtrements de bambous et de pieux croisés, est au moins aussi fort que Lamtao. Il n'y a là que les cainhas du marché et trois pagodes qui servent de demeure au quanphu, à sa garde, et au caitong. Une de ces pagodes est toujours disposée pour les passagers, auxquels le premier quanphu, vieillard octogénaire, offrait du champagne le soir, et prêtait ses chevaux le lendemain pour faire la moitié de l'étape. C'était un homme fort civilisé.

La grande plaine du Lamtao ne finit qu'au fleuve Rouge, qu'une longue digue suit sur ses deux rives. Au nord du Lamtao se trouvent quelques petits mamelons précurseurs des premières montagnes ; parmi eux émergent isolément les mamelles de Thanmaï,

---

1. Quanphu : chef civil indigène d'un phu, division territoriale.

qui ont joué un grand rôle dans la conquête de la région, et où s'est livré un combat qui fait plus d'honneur à la rapidité qu'à la patience des zouaves. Là commencent à croître les fougères arborescentes, les palmiers de tout genre et quelques essences forestières. Jusqu'à Daïluc et Phuninh continuent ces mamelons, qui, à mesure qu'ils s'avancent vers le nord, se boisent et s'élèvent, pour former finalement le contrefort entre le fleuve Rouge et Song-Chai.

Le long de la rive droite de la rivière Claire s'étend une grande bande plane, qui contient de riches rizières, quelques grands villages, comme Som, qui ont des pagodes d'une incomparable curiosité, et où court, sur une large digue, la route directe de Tuyenquan par Phudoan.

Sur la rive gauche de la rivière Claire, entre Songday et le fleuve Rouge, s'étend la magnifique plaine de Vinhtuongphu, qui va jusqu'à Bacninh et aux contreforts du Tamdao. Le caractère de cette plaine est assez semblable à celui du Lamtaophu ; mais l'horizon n'étant borné qu'à 25 kilomètres au nord par les premiers mamelons du Tamdao, et à 30 kilomètres au sud par le massif de Bavi, il a quelque chose de plus grandiose. C'est une contrée essentiellement guerrière; tous les villages depuis Langmé sont fortifiés : Dongvé, Vinhtuong, Anlac sont trois citadelles indigènes de bonne force. Dongvé est entouré de deux côtés par de hautes murailles, peintes en bas-reliefs, et des deux autres par des haies défensives et des fossés marécageux.

Vinhtuong est un carré dont les angles donnent exactement les angles à 45 degrés de la boussole ; fossés, murs, revêtements, tambours le défendent. Quatre routes y aboutissent : de Bac-Hat, de Sontay, de Lienson et d'Aïlien. Elles se rencontrent au milieu précis de la citadelle, après avoir passé sous quatre portes. Au point de jonction se trouve une place ; au fond, la pagode du quanphu et deux pagodes longitudinales. Le quanphu est d'humeur hospitalière ; chaque fois qu'on vient le voir, il tient à héberger non seulement les officiers, mais aussi la troupe ; et il a toujours soin de se porter à la rencontre des Européens avec sa garde, bannières déployées, pour leur faire honneur.

Anlac est complètement entouré d'étangs très larges; on n'y accède que par une chaussée qui l'atteint obliquement à travers ces étangs, avec des circuits qui ne seraient pas déplacés dans une fortification du système Vauban. Des haies entourant le village et chaque maison du village, des postes hérissés de défenses accessoires, et des miradors complètent la défense. Dans l'intérieur, il n'y a rien, le quanhuyen ne songeant qu'au pillage de ses administrés, et thésaurisant plutôt que de faire profiter ses déprédations à son bien-être.

Au nord du Song-Day, le pays est coupé de petits vallons, et parfaitement inculte, sauf sur le bord de la rivière Claire, où Gom, grand village de la taille de Bac-Hat, étendait autrefois ses riches plantations. Il a été récemment pillé et détruit. Au delà commence la brousse; les villages, cent fois incendiés, ne se sont pas relevés de leurs ruines; les rizières sont abandonnées; le pays est désert; le poste de Lienson y est séparé du reste des vivants. Au nord se trouve Ngocky, un repaire de rebelles, toujours vide quand on y va, toujours menaçant quand on l'a quitté, et contre lequel on fait encore aujourd'hui de nombreuses expéditions.

* *
 *

Cette région n'avait jamais été soumise à un relevé topographique sérieux. On lui avait appliqué les procédés par itinéraires, qui ont servi à dresser les premières cartes du Tonkin. Tout en gardant l'exactitude des détails, rien de plus fantaisiste que l'assemblage de ces croquis. Ils ne pouvaient d'ailleurs être assis sur aucune donnée primordiale; la triangulation n'avait bien entendu jamais été faite : nulle part on ne connaissait l'altitude du sol, et chacun dans son poste prenait pour le nivellement une initiale de convention, qui était naturellement inutilisable en dehors dudit poste. On n'obtenait ainsi, même en planimétrie, qu'un enchevêtrement duquel la lumière ne pouvait jaillir. De plus, chaque chef devait relever les environs de son poste; il y a parmi eux d'excellents sous-officiers, dont la science topographique s'arrête à la connaissance des principaux signes conventionnels, et à la lecture superficielle d'une carte. J'ai même vu un lieutenant qui voulait devenir topographe émérite, et qui, dans ce but, avait acheté pour 500 francs d'instruments de précision; mais il regardait dans l'alidade par l'objectif, plantait son éclimètre à l'envers, et trouvait 300 mètres d'altitude aux banians de la rivière Claire. Enfin les instruments manquaient, la direction du service topographique n'étant pas aussi bien pourvue que cet officier enthousiaste. La boussole Peigné était le plus précis et d'ailleurs le seul instrument dont on pouvait disposer; encore, pour qu'elle fût vraiment utile, comme on n'avait pas toujours le modèle où le calcul angulaire des altitudes était fait d'avance, fallait-il posséder une table de logarithmes et quelques notions de trigonométrie, deux choses très rares au Tonkin. Les gens d'expérience avaient en outre un compas de réduction, qui suppléait avantageusement au pantographe absent. Mais c'était là tout l'attirail des topographes. Pour avoir un rapporteur, il fallait en construire un soi-même, avec un fer à cheval, que l'on graduait tant bien que mal; et pour avoir une simple alidade, il fallait couper une tête de bambou femelle, et y insinuer en croix deux cheveux pris au chignon d'un tirailleur.

Tout cela ne donnait pas des résultats bien exacts. Il fallut pourtant s'en contenter dès l'abord. C'est avec ce matériel que l'on établit, sans coordonnées, sans points de repère, en asseyant une observation sur la précédente, et en additionnant ainsi au résultat toutes les erreurs commises, la première carte de la colonie. Elle était trop grande d'un quart environ dans le Delta, et d'un tiers sur les hauts fleuves. C'est ce que put constater l'officier d'état-major qui fut chargé du premier travail de triangulation, pour lequel fut choisie précisément la région entre Sontay et Tuyenquan.

Vu la difficulté de trouver dans ce pays une base convenable, et des points de repère à bonne distance, les triangles déterminés furent relativement très petits, ce qui facilita singulièrement le travail postérieur. Les topographes de Vietri eurent la gloire de fournir la première carte d'après la méthode technique usuelle; elle était fort exacte, et valut les plus grands éloges..... à leurs successeurs; car entre l'envoi, l'examen et la réponse, ils avaient changé de garnison.

*
* *

La chasse aux pirates n'existait pas à ce moment; la province courbait la tête sous le joug militaire, et nul ne bougeait. Il y eut une fois une alerte, faite par le général en chef de l'époque et qui eut un résultat si singulier qu'il n'osa plus recommencer. Il signala au commandant du cercle militaire de Sontay une bande énorme de maraudeurs, qui désolaient la pointe de terre que le fleuve Rouge entoure dans son immense anneau entre Sontay et le confluent de la rivière Noire. La plus grande prudence était recommandée. Le commandant du cercle, qui connaissait la valeur du renseignement, s'empressa de traverser le fleuve, seul avec son secrétaire et un boy porteur d'un flacon d'anisette, pour amadouer les rebelles. On aborda au centre de la piraterie, au village de Quangoai ; on n'y trouva qu'un petit marché et des nhaqués très curieux : deux tireurs de pousse-pousse offrirent de conduire l'armée à Sontay, le bambien (1), le chef orné d'un gibus, accourut en hâte offrir des hommages qui lui valurent une bonne partie du cruchon.

Il existe à Quangoai, chef-lieu de phu, une des plus curieuses pagodes du Delta.

Cette pagode, monumentalement posée au milieu d'une cour à balustrade de pierre, avec des colonnes rostrales aux quatre angles, devant un étang aux eaux mortes, s'ouvre par une pauvre petite porte basse aux gonds rongés, sur un escalier en briques à cinq marches, tellement étroit que deux hommes n'y passeraient pas de front. La solitude et la nuit la plus profonde règnent dans cet immense couvert, soutenu par des traverses,

---

1. Bambien : chef militaire indigène d'une place.

des poutres, des colonnes en bois de fer au nombre de deux ou trois cents, et où la fraîcheur, l'humidité et la moisissure vous prennent à la gorge. Quand on est fait aux ténèbres de ce lieu saint, les murs laqués de rouge, de noir et d'or se détachent peu à peu de l'obscur ; les hauts bahuts de consécration, tout entiers en bois de fer travaillé à jour, burgauté de nacre, laqué d'or ou niellé d'argent, les consoles en métal massif, les tabourets et les octogones aux dessins fantastiques, les sujets de bronze à cire perdue, les cloches gigantesques en cuivre ciselé au marteau, si grandes qu'elles recouvriraient facilement un homme, les emblèmes et les bêtes sacrées en bois verni, les plaques gravées au burin, les oiseaux gigantesques en terre cuite, les piques, les fusils, les armes de toute sorte de 10 à 15 mètres de haut, tout vient, tout d'un coup, à l'œil dans un inextricable et curieux fouillis.

Derrière ce plan mirobolant, trois cents statues de bois et de cuivre, vissées sur leur piédestal de pierre, à peu près semblables d'allure, l'index de la main droite sur la bouche, dans le geste d'un majestueux et éternel silence, forment une imposante avenue menant à la cloison de bois laqué, sorte d'iconostase qui cache le saint des saints. Devant cette muraille factice, l'ange du peuple, accroupi, tenant sur ses genoux plus de cent figurines microscopiques, et le dieu de la guerre, avec ses moustaches retroussées à la façon du tigre, font cortège à Italti, dieu androgyne et créateur, représenté par une femme aux seize bras de cuivre, attachés à un buste de plomb, avec un œil de grenat sur le front et deux pieds en griffes de tortue. C'est derrière le socle de la statue que se trouve l'angle qui fait mouvoir la porte sainte, par laquelle on franchit le dernier degré du mystère. Là, au fond d'une salle éclairée faiblement d'en haut, sous un velum rouge que, seul, le grand bonze (1) a droit de soulever aux jours de fête ou de malédiction, sont les trois gigantesques figures des trois incarnations de Bouddha, qui, comme les purs dieux indiens, a pris

---

1. Quan-Chualon.

trois fois la forme humaine pour venir sauver le monde. La statue immense, assise les jambes croisées sur le sol nu, touche du front les plus hautes solives de la pagode ; son corps démesuré disparaît sous d'amples habits offerts par le dévot enthousiasme des bagias (1), ou par la générosité calculée des prêtres ; les bras tombent sur les genoux, dans cette inertie qui est la suprême jouissance du paradis annamite ; la face teinte des couleurs les plus vives, la bouche tordue par un rictus qui veut être menaçant, l'œil roulant, blanc et terrible, sous d'imperceptibles sourcils, le front plissé de rides sanglantes, font de la physionomie du dieu, le spectacle le plus hideux qui se puisse voir ; des queues de tigre lui pendent aux épaules ; un cheval, une poule, un bœuf, un chien et un cochon de carton sont devant lui en holocauste sur des tablettes de laque, et des brindilles de bois parfumé brûlent perpétuellement sous son large nez. Quand, à de rares jours, les bonzes enlèvent en cérémonie le

1. Bagia : vieille femme.

mur de laque, qui cache cet horrible symbole, le peuple se jette trois fois ventre à terre, les femmes enceintes mettent des habits de soie bleue, le gong sacré résonne, et les tambours battent indéfiniment de leurs coups rapides et sonores l'appel religieux des bouddhistes. A l'entour se trouvait en plein air l'autel parsi des adorateurs du feu et du soleil.

Un an après, il y avait des rebelles à Quangoai, mais nul ne le savait, et ils eurent tout le loisir d'y assassiner deux sergents de la garde indigène.

*
* *

Quelques temps après, une compagnie d'infanterie de marine, fraîchement débarquée de France, vint tenir garnison dans le cercle, et, pour qu'elle fût plus à l'aise, l'ancienne garnison émigra de l'autre côté de la rivière Claire, à Bac-Hat, dans deux pagodes que Boudd'ha lui céda complaisamment, et qui étaient voisines du monastère des vieilles femmes qui criaient toute la nuit des prières, et du péristyle des supplices dont les victimes hurlaient toute la journée.

Avec l'enthousiasme des débarquants, ces nouveaux venus trouvaient partout matière à combat, voyaient dans chaque nhaqué un pirate, et ne songeaient qu'à tout pourfendre. Il n'était plus permis de quitter le poste, et la nuit les sentinelles tiraient sur les mouches à feu, les prenant pour les caïden (1) de ronde des taipings. Une expédition fut rapidement décidée ; ce fut le quanhuyen de Anlac qui en porta les frais. Elle eut des résultats bizarres, qui valent la peine d'être signalés, quand ce ne serait que pour montrer combien l'insuffisance des connaissances ou le parti pris d'un chef peut amener de quiproquos ou de complications dans les situations les plus simples.

Le quanphu de Vinhtuong s'était absenté pour affaires de famille. Les nouveaux officiers le signalèrent disparu. De disparaître à être enlevé par les pirates, il n'y a qu'un pas ; ce pas fut franchi par la brigade dans une

---

1. Caïden : lanterne.

réponse au rapport. La compagnie d'infanterie de marine partit pour Vinhtuong; le bambien, qui remplaçait le quanphu absent, fit comme lui, sortit en grande pompe avec tous ses linhs (1) à la rencontre des arrivants. Le chef de la reconnaissance (précisément cet officier qui regardait par le mauvais côté des alidades) les prit pour des pirates, fit tirer dessus, en tua triomphalement une paire, et, s'il n'entra pas à Vinhtuong par la brèche, c'est que les quatre portes en étaient ouvertes.

En revenant, il lui arriva un autre malheur; il avait pris pour truchement un doy (2) de tirailleur, fils de lettré et lettré lui-même, cassé jadis des fonctions d'interprète pour malversations et fausses traductions. Ce doy, arrivant dans un village avec l'avant-garde, veut prélever une dîme. Les habitants, moins naïfs que bien d'autres, lui offrent une généreuse subvention de coups de rotin; le doy se sauve en laissant là sa carabine, et vient raconter au chef de la reconnaissance qu'il a

1. Linhs: soldats indigènes au service des autorités annamites.
2. Doy: sergent indigène.

failli être enlevé par les pirates. L'officier fait sonner la charge; tous les nhaqués se sauvent, on prend d'assaut le village désert. En arrivant à la pagode, les soldats trouvent une collection de lances et de sabres sous le péristyle; ignorant que partout on trouve des fac-simile d'armes de guerre consacrées à Bouddha, ils s'en emparent, en font des trophées qu'ils rapportent superbement à leur poste, et ne s'aperçoivent qu'à nos éclats de rire que ces armes prises à l'ennemi sont en bois.

La brigade ayant chargé la légion de voir ce qui en était et de rechercher la carabine disparue, le commandant des légionnaires partit le lendemain pour Vinhtuong; le quanphu, auteur involontaire de tout le tapage, était rentré, et vint le recevoir. Il lui remit la carabine du doy, qui le gênait beaucoup, car il craignait toujours qu'on ne l'accusât de l'avoir volée. En revanche, il réclamait, pour les linhs qu'on lui avait tués, une petite somme d'argent, que la résidence lui paya plus tard.

Pour acquit de conscience, on poussa même jusqu'à Anlac, où il n'y avait plus l'ombre d'un pirate, et on revint, ayant fourni en trente heures le double de ce que la colonne précédente avait fait en trois jours, et accompli une marche presque ininterrompue de 70 kilomètres, ce qui représente le maximum de ce que l'on peut exiger d'une troupe au Tonkin et même ailleurs.

**

Cependant toute la région comprise entre le fleuve Rouge, les routes de Langson et de Tuyenquan et les contreforts du Tamdao, c'est-à-dire les provinces de Haïdzuong, Bacninh, Thainguyen et le Vinhtuongphu au nord, le Baodai, le Baisay et le Lucnam, étaient la proie, non pas des pirates, mais de petites bandes pillardes, tantôt campées dans les montagnes, tantôt s'organisant entre villages qui venaient de temps à autre rançonner les rizières des voisins. Sur la plainte d'un quanphuyen quelconque, on envoya la légion faire une seconde fois la prise de Dongvé, que l'année précédente le commandant Bérenger avait jugé digne d'une colonne, où il était entré par la brèche, et où il n'avait trouvé qu'une vieille marchande de citrons.

Dongvé n'étant situé qu'à cinq heures dans l'intérieur des terres, et l'ordre étant resté secret, on pouvait croire que ses successeurs seraient plus heureux.

Point; on arriva devant Dongvé; c'était toujours le même village serré dans sa ceinture de bambous défensifs, et entouré de mares infranchissables grossies par des pluies récentes; sur les murs, qui formaient redan vers Sontay, étaient toujours, dans les postures les plus variées, les gigantesques dieux d'une religion bâtarde du bouddhisme. Malgré la rapidité de l'approche, le village entier eut le temps de détaler; la rue était pleine de fusils, arcs, arbalètes, jetés pêle-mêle, et derrière la grande porte fermée, un canon de bronze chinois ouvrait sa gueule menaçante. La porte fut enfoncée, le village était désert; la marchande de citrons du commandant Bérenger n'y était même pas.

On fit de beaux trophés; on essaya d'emporter le canon; mais en sortant du village il tomba de son affût et culbuta dans une mare dont on ne put le retirer. Le soir, il y eut retraite aux flambeaux et ripaille avec les porcs abandonnés. Ce furent d'abord les seuls morts de la journée.

Quatre mois plus tard, un nouveau pillage eut lieu à Dongvé; deux femmes y périrent. Quand les Français arrivèrent, les habitants prirent la fuite ; seul, un vieux nhaqué, qui n'avait pas eu le temps de déguerpir, jouait à l'homme pacifique ; il avait avisé une vieille charrue tombée dans les fossés pleins d'eau, y avait attaché un buffle et labourait gravement au milieu de la mare. Cette fois, du moins, on désenlisa le canon chinois, on l'apporta à Bac-Hat en grande pompe, et on le braqua devant la pagode principale.

La plupart des colonnes contre la piraterie au Tonkin sont une fidèle copie de ces expéditions contre Dongvé. On apprit plus tard que le deuxième pillage du bourg avait été ordonné par le quanhuyen qui s'était plaint du premier, et que par conséquent les pillés avaient bien tort de réclamer.

On fit par la suite une reconnaissance sur Ngocky, ancienne résidence de Tuanvan, mais toujours sans autre résultat que de s'être empêtré pendant trois jours dans une brousse, où le coupe-coupe des tirailleurs d'avant-garde ne traçait que de vagues sillons.

* *
*

A cette époque, on eut au Tonkin, et un peu dans le reste de la colonie, la rage de la télégraphie optique. Une circulaire du grand état-major avait fait tout le mal. On ne voyait plus par les champs que des drapeaux rouges, ce qui, au Tonkin, n'a rien de subversif. C'était le seul exercice des grandes chaleurs; durant l'été, la musique jouait le soir, les chanteurs donnaient concert, et on décrochait les lanternes des maisons de jeu pour faire des retraites aux flambeaux.

La vie annamite a cela de bon que l'on s'y habitue facilement; je me suis fait très vite au régime du riz, du nuoc-man et du chien; dans mon poste, le bourreau tenait un véritable *five o'clock tea*, et j'invitais à déjeuner le lithuong, qui amenait des danseuses et des hât, représentant à la muette les fastes de l'Annam. Les nhaqués invitent souvent les soldats en amis à leurs noces et à leurs enterrements, signalés toujours par des banquets monstrueux et interminables, au milieu desquels Pantagruel en personne se fût levé rassasié.

Une réjouissance bien chinoise était le spectacle de la justice et des supplices qui l'accompagnent. La bastonnade, la cadouille, le roï, la cangue fonctionnaient toujours; mais il y avait des raffinements dans les tortures, dignes d'une imagination d'inquisiteur. Quand le lithuong avait ordonné des supplices compliqués ou curieux, c'était une grande fête. Un des plus curieux, qui caractérise bien l'esprit de la race, était le supplice du serrage. J'y ai assisté une fois dans la cour intérieure. Le quan-an (1) était accroupi sur une natte, fumant, à lentes et volumineuses bouffées, une pipe d'opium à tuyau tellement large qu'il était obligé, pour

---

1. Quan-an ; officier de justice.

aspirer, d'ouvrir une bouche comme une gueule de canon. Il avait apporté, de peur d'une trop longue séance, sa caisse à bétel, où, dans des compartiments laqués, se trouvaient les feuilles à chique, l'arec et la chaux. Derrière lui, dans une pose silencieuse pleine de menace, l'exécuteur des hautes œuvres tenait en main un jonc flexible et court, déjà rougi du sang d'un certain nombre de coupables; une foule de nhaqués, venus pour le marché, formaient l'auditoire.

L'accusé, toujours condamné d'avance, fut amené libre entre deux acolytes. N'ayant pas avoué son méfait (il avait volé un buffle) à la première interrogation du lithuong, celui-ci se renversa sur la caisse à bétel, et se mit à chiquer. Alors on attacha le patient à une colonne en bois de fer; on lui arracha son vêtement en le déchirant par le milieu, et le premier coup de cadouille retentit sonore sur les épaules nues, qui se zébrèrent d'une magnifique raie rouge, tandis que le misérable poussait un cri terrible. Au sixième coup, le sang jaillit; il devait en recevoir cinquante. Les coups se succédaient lentement, frappant toujours le même sillon qui se creusait sur le dos tordu par la souffrance; au quinzième, le lithuong cracha sa chique, et le cadouilleur s'arrêta. Nouvel interrogatoire, nouveau mutisme de l'accusé. La cadouille reprit de plus belle; cette fois de petits ruisseaux rouges disparaissaient dans la ceinture, réapparaissaient le long des jambes, et tombaient à terre; on n'entendait plus qu'un son mat, le dos étant en bouillie; des lambeaux de chair s'arrachaient sous ce fouet implacable. Je dus changer de place; des éclaboussures de sang me sautaient aux bottes. Au quarantième coup, le patient cessa de crier, et resta suspendu par les mains au nœud coulant qui le maintenait. Le bourreau continua philosophiquement, et sans se presser, jusqu'au cinquantième coup, après lequel on détacha le condamné, qui tomba comme une masse, la face contre terre; mais le lithuong commença une nouvelle chique, en indiquant que ce n'était pas fini.

Quand on eut ranimé le voleur, en frottant ses plaies avec du vinaigre, la deuxième partie du jugement commença. On saisit le pied gauche entre deux caï-lat (1) de bambous, dont les extrémités furent attachées à deux colonnes, et on serra la cheville dans un nœud coulant. Puis le lithuong recommença ses questions, sans plus de succès qu'auparavant. A chaque demande demeurée sans réponse, le bourreau introduisait des bouts de bambous entre les caï-lat, et augmentait ainsi la pression. Ce supplice est, paraît-il, le plus effroyablement douloureux qui se puisse voir. En effet, quelques instants ne s'étaient pas passés, que le pied du patient était devenu d'un beau bleu violet, les veines gonflées, le sang aux ongles. Il n'avouait toujours pas. Une demi-heure après, il avait la cheville noire, et le pied aussi gros que la tête. Le lithuong commença une troisième chique. A ce moment, avec un petit couteau, l'exécuteur fendit la peau de la cheville juste au niveau des cordes, qui, se détendant violemment, entrèrent à trois centimètres dans la chair du malheureux. Celui-ci se tordit, se renversa, et, dans un spasme

---

1. Caï-lat : ficelle de bambou tordu.

nerveux, avoua son vol. Alors, d'une simple chiquenaude, perpendiculaire à la tension, l'exécuteur brisa la corde énorme qui enserrait la cheville, et on transporta le condamné à la prison, où il mourut le lendemain de la gangrène, ce qui arrive habituellement après ces sortes de supplices. — Il paraît que ces tortures sont pourtant généralement abolies en Annam.

*
* *

Une anecdote pour terminer cet aperçu rapide du Tonkin où l'on s'amuse. Le canon des pirates de Dongvé en fut le héros. Une nuit que ses propriétaires avaient largement fêté le commandant d'une canonnière de passage, l'idée lumineuse vint que les bouchons du champagne offert par l'invité n'avaient pas fait assez de bruit, et on songea à réveiller la voix de pirate qui dormait dans l'âme de bronze. On le sortit du fossé où il gisait et on le dressa contre deux marches de pierre. On acheta toute la poudre de chasse des environs et, comme on voulait une détonation à hauteur de l'enthousiasme général, on chargea le canon jusqu'à la gueule avec des haricots de distribution. L'expérience réussit fort bien et fut, sur le champ, plusieurs fois répétée; on n'avait jamais rien entendu de pareil depuis le siège de Tuyenquan; les habitants du pays en furent réveillés à 7 kilomètres à la ronde.

Le canon était pointé sur la rivière, et ce fut là le malheur. La charge de haricots traversa l'eau et alla donner dans les vitres du commandant d'armes de la place, qui dormait sur la foi des six théories et des cinq services. Croyant à l'arrivée des pirates, il fait sonner la générale, prendre les postes de combat et télégraphier à Sontay. Le lendemain, reconnaissances faites avec la prudence du renard, sentinelles doublées, service spécial de surveillance établi. Le colonel s'émut, la brigade frémit; tout cela pour une poignée de haricots. Jamais ces inoffensifs légumes n'avaient fait tant de bruit dans le monde. La joie d'avoir mystifié le voisin fit transpirer le secret; le commandant d'armes fit un rapport fulminant où sonnaient clair le trouble de la paix nocturne et le gaspillage des denrées administratives. Ce rapport fut jugé un chef-d'œuvre, et celui qu'il accusait fut condamné sans avoir été entendu. La garnison la plus lointaine et la plus malsaine du Tonkin lui fut réservée. Le ciel lui-même se mit de la partie et, deux jours après, gratifia son poste du choléra.

*
* *

C'est à cette époque, soit dit en passant, que l'on commença à parler de faire une colonne sur Chochu et Chomoï. Chochu était une citadelle à la façon chinoise, occupée par un corps de 200 pirates. Elle est située sur le Namchu, affluent du Songcau; le confluent est défendu par l'autre repaire, Chomoï, muraille de rochers à peu près inaccessible, à une centaine de kilomètres au nord de Thainguyen, dans la région des hautes montagnes. Il n'y avait pas de chemin pour y aller. On chargea les légionnaires de Dangchaû d'en faire un qui rejoignît par le plus court Dangchaû au Songcau (Dangchaû est un des plus mauvais points de la région ; la mortalité y est poussée à ses dernières limites ; il n'y a ni ambulance ni médecin ; les hommes doivent attendre, pour être soignés, la visite bi-mensuelle du médecin de Thuyenquan). On fit donc un sentier, qui traversait le Tamdao moyen par le col de Daovi ; au bout de quinze jours, le Songcau était atteint et le chemin terminé ; il avait coûté la vie à trois hommes. La brigade, informée du résultat, fit connaître qu'elle avait changé d'avis et que la colonne se ferait, non par la vallée du Songcau, mais directement par le haut Deotam, et la garnison de Dangchau fut chargée de faire encore une route par là. Celle-ci fut plus longue à établir, le pays était un affreux mélange de marais et de rocs ; on perdit cinq semaines et huit hommes à remblayer, à déblayer, à déranger les roches et les montagnes de la place qu'elles avaient l'habitude d'occuper. Enfin, lorsque le sentier s'allongea, pardessus trois contreforts, jusqu'aux environs de Chochu, le général en chef déclara qu'il n'avait plus un sou pour faire la colonne et qu'on resterait chez soi. C'est ce que chacun fit, à l'exception des onze morts, victimes de cette plaisanterie.

**
* **

C'est tout ce que je vis alors de l'existence française dans le Tonkin où l'on s'amuse. Je partis vers ce moment pour le Tonkin occidental, les seize chaûs et les frontières ignorées du Laos. J'y étais encore quand Chomoï fut emporté par le général Desbordes, avec plus de vigueur que de prudence. J'étais accompagné dans ce lointain exode par des hommes dont la ténacité et la religion militaire ne se démentirent pas un instant, et pour lesquels un éclatant hommage ne serait pas superflu.

CHAPITRE II

PAYS ET PEUPLES OCCIDENTAUX

C'est au commencement de 1888 que les régions occidentales nous furent acquises. Une colonne partie de Baoha, sous les ordres du commandant Oudry, parcourut le chemin découvert, en 1886, par le commandant Bercand, après la prise de Laokai, par Thanhuyen et la vallée du Ngoi-Nammoun, affluent de la rivière Noire. Le contrefort entre Song-Koi et Song-Bô était traversé au col de Caoko et le Song-Bô était atteint à trois heures au sud de Yton, à Vanbu ou Tabu. Sonla n'est qu'à deux jours de là. Le commandant Oudry l'emporta après une lutte de quelques heures.

Une autre colonne, sous les ordres du colonel Pernod, partit de Loakai, franchit le col des Nuages et atteignit Phongtho et la vallée du Song-Na. Les deux combats de Bactan et de Chinhnua la mirent en possession de la route du Lai-chau, dont le chef-lieu, Lai, fut conquis le 25 janvier. La colonne descendit jusque dans le phu de Dienbien, et, soumettant le pays sur son passage, rejoignit, par Tuangiao, la colonne Oudry à Sonla. Le pays fut mis sous la haute juridiction d'un résident militaire, et les colonnes redescendirent dans le Delta.

Les régions occidentales tonkinoises sont arrosées par le Song-Bô, le Song-Ma et quelques affluents du Mékong.

Le Song-Bô ou rivière Noire, dont la source chinoise vient d'être découverte (juin 1890) par l'infatigable Pavie, n'est, depuis la frontière jusqu'à Vanchan, qu'une succession ininterrompue de rapides et de cataractes. Entre Muongcha et Lai, la descente est impossible, le fleuve sautant de chute en chute. De Lai à Vanbu, les rapides sont moins violents, mais ils se replient en demi-cercle, et forment des remous et tourbillons fort dangereux. Le piroguier, lancé par des vagues énormes et rapides, sur des murailles et des blocs de rochers, est obligé de tourner à angle droit au milieu des écumes et des tourbillons, pour éviter des obstacles mortels. De Vanbu à Vanchan, il n'y a que quatre rapides, mais ils sont d'un tel danger qu'il est aujourd'hui interdit de les franchir ; le nombre de ceux qui y ont péri, lancés sur les rocs ou engouffrés dans les entonnoirs, n'est pas connu.

La vitesse du courant est vertigineuse et si grande que les 83 kilomètres qui séparent ces deux points sont franchis en moins de cinq heures. De Vanchan à Vanyen, le Thaccua seul est dangereux ; pendant la descente de ce rapide, qui n'a pas moins de 2 kilomètres, les pirogues passent sous de telles vagues, qu'elles sombrent souvent avant la fin.

Au-dessous de Vanyen, il n'y a plus aucun péril que pour les sampans et les jonques, grosses machines lourdes à la manœuvre et réfractaires à la direction. Le dernier obstacle est le barrage de Haotrang, vis-à-vis de Chobo, poste militaire et résidence, qui a

4

deux ports, l'un d'amont, l'autre d'aval, et que ne dépassent pas les pirogues.

Les affluents de la rivière Noire sont tous impraticables ; le Song-Na, seul, peut être descendu depuis Bactan jusqu'à Lai, pendant les eaux moyennes. Et encore le trajet ne s'est-il jamais effectué sans accident.

Le Song-Na forme à peu près la frontière entre le Tonkin et le Laos ; ses affluents arrosent les Hopanh ; il a le même caractère courroucé ; au Tonkin, il ne passe qu'à Muongang et, dans le sud, à Maisonchau ; il pénètre, de là, en Annam, et atteint la mer dans les environs de Vinh.

L'affluent du Mékong qui est le plus rapproché est le Tchangtong, qui passe à Dienbien, et dont une des branches, le Nammoun, prend sa source vers Muongmun, à trois étapes de Lai, au pied du col de Tuong, que l'on appelle communément le col de Dienbien. Le Tchangtong n'est praticable aux pirogues qu'à partir de ce dernier point, et se jette dans le Mékong aux environs de Luang Prabang.

Toute la contrée est montagneuse; il y a quelques vallées et plateaux fertiles, le

Phuyen, la vallée de Muongxai, le plateau de Sonla. Mais, en tirant une ligne imaginaire passant par Banvanh, Tuangiao, Thayang, tout ce qui se trouve au nord jusqu'aux cols du grand contrefort, n'est qu'une suite ininterrompue de mamelons et de pics ardus, couverts de forêts vierges, serrés les uns contre les autres, entre les flancs desquels coulent des arroyos furieux et qui ne laissent nulle part l'espace plan suffisant pour la construction d'une cainha. Il n'y a aucun chemin, des directions seulement indiquées par les trams et les Méos, dans le lit de petits arroyos, où l'on va, dans l'eau jusqu'à la ceinture, à travers des rocs qui brisent le marcheur. Ces sentiers affreux sont eux-mêmes très rares; le plus souvent, l'on vogue à travers bois, marais et brousses, montant, descendant, s'accrochant aux lianes, butant aux pierres; 15 kilomètres constituent la plus grosse étape que l'on puisse faire dans un pays aussi coupé et aussi exténuant.

Les seuls sentiers parcourus sont ceux:

De Vanchan à Maïson, par Muongban et Sonla;

De Vanbu à Sonla, par Muongbôn;

De Pahoun à Dienbien, par Tuangiao et Muongang;

De Pahoun à Muongcha, par Luan, Muongtuong et Lai;

De Lai à Luangprabang, par Muongpun, Muongaï et la vallée du Nam-Ou;

Enfin le sentier intérieur de la région qui va de Sonla à Lai, par Tuangiao, Banvanh, Muongmuôn et Luan.

La capitale que nous avons donnée au pays est Sonla.

Sonla est situé au milieu d'un petit plateau ovale, couvert de rizières, entouré de tous côtés de têtes de rochers rouges coiffés de panaches verts.

Trois vallées et une gorge y concourent, toutes trois étroites, ombreuses, pittoresques, et s'étranglant en défilés. Quand on y arrive par la gorge de Vanchan, qui aboutit à l'extrémité nord de son petit axe, on ne peut se défendre d'un cri d'admiration; le paysage est un des mieux entourés, des plus pittoresques, et le plus splendidement majestueux que l'on puisse voir.

Exactement au centre, l'habitation du quanchau, dans le genre de nos fermes modèles, mais hérissée de bambous, autant décoratifs que défensifs, monument régulier en forme de pagode. A l'est, le fort de Sonla, dans la rizière, au pied des hauteurs, ce qui ne paraît pas être d'un conception stratégique consommée. A l'ouest, le village, cinquante à soixante chalets suisses, accrochés aux pentes, montrant leurs toits dans le feuillage. Pas une note sombre, pas un espace inculte, pas un morceau de terre à nu, sauf les cimetières du poste. Entre les rizières il n'y a de place que pour la route, dont la largeur permet à peine à deux piétons de se croiser. Au loin, d'autres villages cachés au détour des croupes, tout aussi gais et rayonnants. Par une fin de jour, ou par un soleil tamisé, ce plateau fait l'effet d'un tableau de maître. Malheureusement, sous le splendide aspect des montagnes, il n'y a que le roc ardu, et sous la rizière verte que la boue fétide. Entre les deux, rien.

Le fort de Sonla est petit, maigre d'aspect, et assez incommode; il y a juste trois cases

4.

en paillottes, une pour les officiers, une pour la troupe, une pour l'ambulance. Les sous-officiers logent où ils peuvent. L'administration a son bureau et son magasin dans un espace bon pour enterrer cinq Annamites, et les caisses du transit attendent leurs propriétaires en plein air. Les défenses sont tout à fait rudimentaires : deux haies de bambous, entre lesquelles court un fossé qui ne cacherait pas un petit cochon. Aussi, les règlements prescrivent-ils de ne pas sauter par-dessus les fortifications. C'est d'une antiquité suave. On se croirait à Rome, du temps de Rémus, bien entendu.

***

Tous les peuples qui habitent le haut fleuve Rouge, la haute rivière Noire et les territoires contestés sont parfaitement distincts du peuple annamite. Le caractère général de ces peuplades n'est même pas analogue et présente d'autres qualités et d'autres défauts. Parmi ces peuples, dont plusieurs sont mal connus, les Thôs et les

Mans habitent tout l'espace compris entre la rivière Noire et le fleuve Rouge, depuis leur confluent jusqu'au Chieutân, ainsi que quelques enclaves sur le Song-Na. Au Chieutân on retrouve, ainsi que dans le Vanbanchau (Baoha), des Annamites ; les Thais habitent, avec quelques congrégations chinoises soumises à notre autorité, les hautes vallées de la rivière Noire, du Song-Na et du Maisonchau. Les Méos habitent les hauteurs de la même région, qui a Sonla pour centre. On a pris, dans le Delta, l'habitude mauvaise d'appeler toutes ces peuplades des « *muongs* ». Les gens d'Hanoï ont pris le Pirée pour un homme. Les Thais et les Méos appellent muong une réunion de cainhas formant commune, et commandée par un lithuong. Mais le muong, homme, langue ou peuple n'existe pas.

Au sud, dans les territoires contestés, se trouvent les habitants des Hopanh et du Tranninh, qui ont perdu toute individualité. Le capitaine Cupet, du consulat de Luang-Prabang, a fait, sur ces régions et sur ces peuples, une étude magistrale et très dé-

taillée, après laquelle il est inutile de répéter
ce qu'il a dit. Tout le territoire gouverné
jadis par eux a été envahi en 1875 et 1884,
par les Hôs, tribu chinoise des frontières du
Yunnan, et très militaire. Les Hôs, maîtres
du pays, ont nommé des chefs appelés ong-
tai et ong-tang; ils demeurent dans des villages militaires, véritables camps défensifs.
Ils y vivent dans un farniente absolu, et
n'en sortent que pour rançonner les Hopanh
en riz, sel, opium, buffles, parfois même en
femmes. Ils laissent aux vaincus le droit de
nommer leurs chefs, mais ces chefs n'ont
aucun pouvoir et courent le risque d'avoir la
tête coupée, sur l'ordre des ong-tang, quand
les contributions exigées n'arrivent pas assez
vite. Ces peuplades opprimées, au tempéra-
ment très pacifique, seront bientôt débarras-
sées du joug qui pèse sur elles, pour devenir
tributaires du Siam ou du Protectorat, suivant les hasards des luttes diplomatiques.
Elles constituaient autrefois le boulevard
occidental de l'empire d'Annam, qui n'exerça
jamais sur elles qu'une suzeraineté lointaine
et nominale, si lointaine qu'on discute au

jourd'hui pour savoir à qui elles ont véritablement appartenu. S'il est vrai que jamais général annamite ne s'est hasardé dans les Hopanh, et qu'aujourd'hui il y ait des douanes entre ces peuples et l'empire, il est vrai également que pendant six cents ans ils ont obéi à des mandarins idoines, investis par l'empire d'Annam, et que jamais, avant les troubles contemporains, le souverain de Siam n'est intervenu dans leur gouvernement. Aussi, est-ce au Protectorat qu'incombe la mission de chasser les Hôs, et l'avantage ensuite de posséder les Hopanh.

Plus au sud, enfin, se trouvent quantité de tribus demi-errantes, occupant le territoire entre Mékong et Bla, volontiers perchées aux endroits du pays les moins accessibles, absolument indépendantes, en dehors du chef qu'elles veulent bien se donner : Kontranais, Bahnars, Giarais, Sédangs, Draos, etc. Il y en a des centaines. Les Moïs sont aux frontières de l'Annam ; ils ont pour chef un nommé Pym, qui a refusé le titre de mandarin offert par la cour d'Annam pour rester indépendant à la tête de sa pauvre peuplade.

Une mention spéciale est à faire d'une confédération de tribus réunies autrefois sous le commandement d'un explorateur français en *royaume Sédang.*

M. Marie de Mayréna, parti du bas Mékong, sous les auspices de M. Constans, qui le traitait en enfant terrible, arriva au commencement de 1887 aux frontières des Rongao-Jolong. Les missionnaires sont là, depuis quelques cinquante ans, catéchisant avec un succès moyen, travaillant, cherchant l'origine de ces peuples, qu'ils croient descendre des Khmers, sans avoir cependant trouvé un monument, une inscription ou un livre pouvant les éclairer sur le passé ; la région a l'air de n'avoir point d'antiquité, ni les habitants d'ancêtres. D'après une de leurs superstitions, les missionnaires, tout en étant bien traités, ne peuvent pénétrer dans l'intérieur des villages ni des familles. M. de Mayréna n'eût pas, sans un subterfuge, trouvé meilleur accueil que les missionnaires et les précédents explorateurs.

Quand un étranger arrive dans le pays, chaque village, qui est fortifié, se ferme et se déclare Diêng (sacré). Celui qui veut rompre le Diêng est puni de mort. Les missionnaires, comme les autres, sont soumis à cette loi. Le Diêng fut proclamé devant Mayréna. Celui-ci déclara qu'il se souciait fort peu des villages, mais que, ayant appris qu'une mission européenne allemande voulait soumettre les Sédangs par la force, il venait les avertir et les aider à se défendre. Tous les villages s'ouvrirent devant ce sauveur; on lui fournit des escortes gigantesques. En arrivant à la capitale, Attopeu, il avait derrière lui cinq mille guerriers en délire qui l'acclamaient, comme s'il avait réclamé la revision de la Constitution. Il fut nommé roi par ces sauvages, et leur signa une espèce de charte. Je ne sais si la mission allemande a rendu beaucoup de services à la Prusse, mais elle a été bien utile à Mayréna.

Il se bâtit donc là un royaume, un peu à la façon de Jules Gros dans l'hilarant royaume de Counani ; seulement les suites auraient pu être plus sérieuses ; il exerça quelque temps une influence réelle chez tous ces barbares, sur une étendue de pays équivalent à celle de nos trois provinces primitives de Cochinchine.

Une fois établi Mayréna offrit la suzeraineté de son royaume à la France ; il fut renvoyé par le gouverneur général à M. Le Mire, résident de Quinhon, qui donna carte blanche à Mayréna pour propager son crédit. Mayréna supprima dès lors le drapeau tricolore, et le remplaça par le drapeau bleu à trèfles blancs, qui fut proclamé le drapeau royal Sédang. Les missionnaires, qui l'avaient fortement poussé en avant, l'abandonnèrent à cette occasion, et le Protectorat refusa catégoriquement de l'appuyer.

Pour sortir des embarras financiers que cause à un roi sans argent la création de son royaume, Mayréna partit pour Hong-Kong, et chercha à emprunter de l'argent aux Anglais, d'abord sur sa bonne mine, puis sur ses carrières de fer, puis sur le royaume Sédang. Rebuté de toutes parts, il fit, au détriment de l'évêque de Quinhon, un billet qui lui procura un crédit illimité chez un Chinois de Haïphong, lequel habilla somptueusement l'armée Sédang, sans jamais pouvoir toucher un sou.

Ce ne fut pas le seul auquel Mayréna en imposa. Les missionnaires d'abord, le général en chef ensuite, puis le résident Le Mire furent ses dupes. A bout d'expédients, il partit enfin pour Paris, où sa majesté royale fut rapidement percée à jour ; il est revenu depuis lors à Bangkok, sans grandes chances d'une réussite quelconque.

Avec les surprenantes qualités d'audace et d'initiative qui le distinguent, Mayréna eût peut-être réussi dans sa hasardeuse entreprise, si son manque de délicatesse ne lui eût pas, dès l'abord, aliéné ses protecteurs naturels, et s'il n'avait pas agi contre les préceptes de l'honnêteté la plus vulgaire, qualité en honneur jusque chez les sauvages, et dont ses démêlés passés avec le sultan d'Atchin et la police de Saïgon démontrent qu'il est totalement dépourvu.

Attopeu a, du reste, été depuis lors visité, non seulement par le père Guerlach, de la mission des Bahnars, qui m'a mis au courant de l'odyssée Mayréna, mais par des visiteurs officiels, qui ont pu constater que l'influence du roi des Sédangs avait disparu de ces pays, et que celle du Protectorat l'y avait naturellement remplacée.

**

Tous ces peuples, quoique voisins, sont étrangers les uns aux autres; l'absence de négoce fait l'absence totale de relations ; ils ne commercent guère qu'avec le Siam. Le seul sentiment qui les réunisse est celui de la haine contre l'Annamite. Aussi devons-nous chercher à les réunir sous notre protectorat, et non pas aux provinces d'Annam. Ce sentiment méconnu a maintenu pendant un an les chaûs occidentaux dans un état de révolte et de bouleversement qui nous a coûté fort cher.

Le colonel Pernod, après sa campagne de 1888, fit, sur l'esprit des populations du pays, un rapport à la suite duquel le kinhluoc, le gouverneur général et le général en chef, qui n'avaient jamais mis les pieds dans un chaû, nommèrent chef des seize chaûs, ou quanphong, un personnage d'une des bonnes familles du Chieutân. Ce quanphong, demi-plaine, demi-montagne, était un lettré, un mandarin, et, comme tel, avait appris les finesses, les mensonges, les cruautés habituelles à cette caste; il était d'esprit un véritable Annamite d'Hanoï ou de Hué. On lui donnait à gouverner un territoire allant de Chobo à Sonla et de Laokai à Dienbien. Son premier soin fut de chasser l'oligarchie des Thaïs et des Méos, qui gouvernaient le pays depuis des siècles, et de mettre à la tête des chaûs, des muongs et des simples bans (villages) des Annamites, ses parents et ses créatures. Cela fit merveille dans le Chieutân dont il était originaire, cela passa encore dans les chaûs de Vanban, Phuyen et quelques autres, qui, plus ou moins voisins du Delta, étaient jadis sous la juridiction financière et judiciaire des quanan et quambô (1) de Hunghoa. Mais dans les chaûs de Quinhai, de Tuangiao, de Muey, de Luan, de Lai

---

1. Quambô : mandarins du Trésor.

et de Dienbien, ce fut le signal d'une émigration en masse. Les chefs héréditaires dépossédés s'en allèrent en Chine; le peuple, qui tenait à eux, les suivit, abandonnant maisons, bestiaux, richesses et parfois famille. Les nouveaux maîtres n'eurent plus qu'à occuper des demeures vides, à rançonner des femmes abandonnées; ce dont ils ne se privèrent pas. C'est ainsi que des Méos, peuples vaillants, tout disposés à nous accueillir, on fit une bande de pirates, qui nous causa pas mal de dommages, et avec laquelle on dut par la suite en arriver à composition.

*
* *

Les montagnards ont en général le teint blanc se rapprochant du teint européen; la couleur fondamentale n'en est pas jaune; la figure s'éloigne du masque simiesque, l'œil n'est pas bridé; le nez n'est pas épaté, la physionomie s'arrondit à la caucasique. Les pieds et les mains sont plus gros, les attaches aussi fines. L'homme est beaucoup plus grand, mieux bâti, plus robuste; la femme est mieux en chair et très propre. Ils ne sentent pas mauvais et n'ont pas sur eux de bêtes parasites.

Ils ont le plus grand soin de leurs enfants. Leur costume est invariablement en cotonnade bleu foncé; les femmes, si chastes qu'elles fuient le regard, ont un tout petit veston et un jupon attaché très bas; entre ces deux vêtements elles laissent voir une large bande de chair. Les hommes portent la blouse serrée à la taille, et le caiquan jusqu'à mi-jambe; ils ont de mignonnes pantoufles de drap brodé, au lieu des horribles sandales annamites. Ils ont colliers, bracelets de mains et de pieds, bagues, tabatières, ceintures, boucles d'oreilles en argent. A leurs colliers est attachée une petite plaque d'argent avec une devise en caractères idéographiques qui leur sert de talisman, et dont ils ne se sépareraient à aucun prix. Leurs bracelets, d'argent ou de jade, affectent la forme de serpents ou de dragons enlacés et s'enroulent au bras trois ou quatre fois. Ils ont aussi de lourdes bagues d'or massif, sans grâce et sans art.

C'est pour eux un moyen de transporter convenablement leurs piastres. Ils portent le turban, les cheveux longs qu'ils rattachent en chignon par une longue épingle d'ivoire ou d'argent. Les congrégations chinoises sont rasées et portent la natte traditionnelle, qu'allongent jusqu'au pied des écheveaux de soie noire. Les descendants des Khmers portent un pantalon serré au genou, et fait de l'étoffe la plus voyante et la plus bigarrée possible.

Les gens riches portent leur costume en soie grège, avec de larges boutons d'argent massif. Les Siamois s'habillent comme les Cambodgiens; mais les plus riches et les plus importants d'entre eux s'habillent à l'européenne et portent en pleine forêt vierge le pantalon collant de nos boudinés.

**

A part les Méos et les peuples indépendants du sud, tous ces gens ont des mœurs tranquilles et pacifiques. Ils ont les bestiaux et les volailles nécessaires à leur consommation; ils cultivent juste ce qu'il leur faut de rizières. La nonchalance est le maître défaut de leur caractère: un Thaï restera couché ou accroupi à fumer le tabac de montagne en feuilles ou l'opium, et à boire le thé par petites tasses; il ne se dérangera pas pour gagner cent piastres. Il n'aime pas à commercer, et ne sort de chez lui que dans les cas pressants, pour vendre des volailles dans les postes, ou aller à Chobo acheter du sel. Les Thaïs, les Méos et les Mans ne font aucune autre espèce de commerce. Les Draos et les Sédangs vendent en outre un peu de cire, de benjoin, quelques bois d'essences précieuses; tout cela s'en va dans le Siam à des prix dérisoires. Tous ces peuples vont acheter le sel à la douane annamite de Anké. La guerre et le trouble portent rapidement la misère chez des peuples dont l'existence journalière est si précaire, et qui se contentent de si peu. Aussi l'ont-ils en horreur, et a-t-il fallu un an de déprédations pour les soulever et leur faire prendre leurs mauvais petits fusils.

Le commerce des Hopanh est annihilé en

grande partie par la présence des Hôs; il faudrait l'attirer à nous. Or, son seul débouché est le Thanhoa, une des plus riches provinces d'Annam, traversée par le Song-Na et le Song-La, deux artères par où peuvent facilement monter et descendre les marchandises échangées. Loin d'ouvrir ces débouchés aux Hopanh, le Protectorat vient de les leur fermer, en concédant à M. Jean Dupuis la ferme des produits de l'exploitation des forêts et richesses forestières (bois de construction, de chauffage et d'essences) du Tanhoa et du Nghéân moyennant une redevance annuelle de 6.500 piastres. M. Dupuis coupe du bois et cherche des mines : c'est parfait. Mais, de l'aveu du Protectorat, M. Dupuis met un impôt de deux et demi pour cent sur les bois qui descendent du Tanhoa par les fleuves et qui les remontent pour aller aux Hopanh. Les agents de la ferme perçoivent non seulement sur les bois, mais sur toutes les marchandises, et même sur les sampans qui remontent à vide. C'est moins bien. De plus, tous les postes douaniers du Song-Na se livrent à un joli métier : un sampanier chargé de marchandises remonte le Song-Na; il rencontre le premier poste de M. Dupuis, paye deux et demi pour cent et passe; il rencontre le deuxième poste, repaye deux et demi pour cent et passe. Même cérémonie au troisième poste, les agents de M. Dupuis ne délivrant jamais de reçu. Les marchandises taxées de deux et demi pour cent ont payé ainsi douze et quinze pour cent en arrivant aux Hopanh, et le sampanier est ruiné par son voyage. C'est tout à fait pitoyable. M. Dupuis passe pour un puissant agent de l'extension française; les uns l'appellent un grand colon, les autres un négociant avisé : personnellement, c'est certain, puisqu'il a fait et mangé trois fortunes. Mais les procédés de ses agents sont des procédés de corsaires. Le résultat immédiat est que les habitants des Hopanh se retournent du côté du Siam, et qu'ils vendent à perte leur cire et leur poudre d'or.

Tous ces gens paisibles sont observateurs de la foi jurée, fort obéissants et attentifs autant qu'ils le peuvent. Ils n'ont pas l'esprit d'imitation et d'assimilation des Annamites, mais ils ont plus d'initiative et d'intelligence

5.

personnelles. On les a représentés pour plus fidèles qu'ils ne sont ; la vérité est cependant qu'ils font des convois libres, sans escorte européenne, et qu'ils n'y ont jamais perdu ni une piastre ni une charge. Mais le convoi par terre et le pagayage par pirogues leur sont seuls agréables, ce genre de travail n'entamant pas leur dignité, tandis que le labeur de coolies leur répugne ; aussi profitent-ils du moindre mauvais traitement pour abandonner leur voyageur en pleine brousse ou en pleine rivière et pour rentrer chez eux ; parfois même ils vont à un résident civil se plaindre d'avoir été frappés, et l'Européen, qui a été planté là et qui souvent a failli mourir de faim dans ces pays inhospitaliers, est, par-dessus le marché, condamné à une forte amende.

Les peuples du sud sont, au contraire, guerriers, indépendants et sanguinaires ; ils ignorent le fusil et la poudre, et combattent avec la hache, l'arbalète, la lance et le bouclier ovale ; les buffles sont dressés en guerre. En temps ordinaire même, tuer un étranger ou un habitant d'un muong éloigné est un acte méritoire ; au premier meurtre accompli par force, ruse ou traîtrise, le jeune Sédang est nommé homme. Le temps n'est pas éloigné où, dans les fondations de chaque cainha nouvelle, les Sédangs enfouissaient le cadavre d'un prisonnier, immolé, pour la circonstance, au milieu d'une pompe solennelle. Leurs morts ne sont pas enterrés ; ils sont mis dans un double tronc d'arbre creusé et formant boîte et abandonnés ainsi à travers champs.

* *

Le pays qu'ils habitent, tout en étant ingrat, pourrait mieux se prêter à quelques genres de culture, et donner un rendement quelconque au lieu d'être complètement infertile. Le sol, formé par le terrain permien et par un soulèvement calcaire, présente de toutes parts des arrachements et est singulièrement bouleversé par cette substitution de terrain. La stratification est prise au dépourvu. Aussi le roc, la boue et l'eau forment-ils le terrain de toute la région comprise entre Thanquan, Chobo, Laokai, Lai, Luangprabang et Binhdinh. Il ne s'y trouve que le riz et le tabac nécessaires à la consommation des habitants; tout est mamelonneux, et chaque mamelon est couvert de ces bois, moitié brousse, moitié futaie, qui sont si peu utiles au commerce et si nuisibles à la |santé. Il n'est que deux exceptions sérieuses à faire, l'une pour la vallée de Phuyen qui, outre les rizières, contient les seuls grands pacages du Tonkin occidental ; l'autre pour le plateau qui va de Sonla à Muey et à Muongkhoai, route naturelle du Laos et du Siam, qui est d'une richesse en rizières tout à fait exceptionnelle, et fait commerce à droite et à gauche. Les seules richesses du pays sont des richesses forestières; elles ne sont pas exploitées, et on ne gagnera guère à le faire tant que la main d'œuvre et le transport seront aussi coûteux.

Les principales essences sont : le bois de fer dit gõ, le trâc, un genre de palissandre, le sao, le teck, le vanghuong, le faux ébène, le tram, bois rouge veiné de violet, le bambou royal très élevé, le bambou peley à fleurs épaisses, le bambou pôr à larges cavités et à entre-nœuds très longs. Chez les Sédangs et les Draos, le pin, le sapin et l'ébène dominent ; tout cela est trop clairsemé pour être d'un rendement sérieux. Les autres produits courants sont le maïs, le millet, le coton, le cunao, le benjoin, la cire. Les Sédangs tirent de leurs dacks (1) un peu de poudre d'or.

*

Il est bon, à ce sujet, de dire, en passant, un mot sur les richesses minières du Tonkin occidental. On a énormément parlé des trésors du sous-sol de notre nouvelle colonie. J'ignore ce que l'on pourra plus tard découvrir à Hongay, à Langson, à Caobang et à Kebao, et ce que l'on pourra découvrir dans le Thanhoa. Actuellement, le charbon de Hongay est réputé bon, mais il ne sert guère, car les concessionnaires n'ont pas les

---

1. Dack : rivière torrentueuse.

capitaux nécessaires pour exploiter sérieusement leurs concessions. Quant au charbon de Kebao, il brûle bien, mais on est obligé de le mélanger à quantité égale de charbon d'Australie. J'ai assisté aux expériences faites par les Messageries fluviales. Les bateaux de la Compagnie d'Abbadie mettaient, chauffés au charbon de Kebao, deux fois plus de temps qu'à l'ordinaire pour se rendre de Hanoï à Sontay. Il paraît que ce charbon a la flamme trop courte pour être employé avantageusement avec les grilles et les surfaces de chauffe de nos machines actuelles. Le plus grand tort fait à ces industries futures provient de la donation à des particuliers de concessions importantes, sur le simple aperçu de fragments à fleur du sol, sans la moindre étude sérieuse, sans la moindre assurance que ce sol puisse recéler quelque chose. Quant au Tonkin occidental, il est certain qu'il renferme des richesses minières, notamment le fer et l'or.

Les peuplades des Hopanh, et leurs voisins des Sibsong-Chutai, payent leurs achats en petits tubes pleins de poudre d'or de la valeur de neuf francs. Cet or provient de leurs rivières. Les Sédangs exploitent les minerais de fer de leurs montagnes; ils n'ont, bien entendu, pas de puits de mine, et forgent à la sicilienne; ils font des sungs, sortes de haches, des houes et des pioches, et de petites hachettes qui leur servent de menue monnaie.

La grande difficulté pour qui voudrait exploiter ces mines serait d'arriver à leur emplacement et de créer de toutes pièces les moyens de transport jusqu'à la mer ou, au moins, jusqu'aux limites de navigation des fleuves. Une difficulté au moins aussi grande serait de trouver des travailleurs disciplinés parmi ces peuples amoureux de liberté et de paresse, qui préfèrent une journée du rêve de l'opium, qui les abrutit, à une journée de travail qui leur rapporte, mais leur donne un maître. Ces deux obstacles étant supposés levés, une grosse objection fera, pour longtemps encore, reculer les capitaux déjà hésitants.

Il existe à Hué une sorte de Livre Jaune, qui est loin d'être un secret puisqu'il est transcrit tout au long en guise d'exercices dans certaines grammaires annamites. Ce livre contient les noms de toutes les mines d'Annam et du Tonkin, avec l'indication du minerai qu'on y exploite, la date de l'exploitation, etc. Toutes les mines actuellement connues sont inscrites sur ce livre ; elles ont déjà été exploitées, il y a des siècles, par la Chine, l'Annam, et elles ont été successivement abandonnées, soit parce que les filons étaient épuisés, soit parce que le rendement ne couvrait pas les frais d'exploitation. Il y a là de quoi donner à réfléchir. On a objecté que ces sauvages n'avaient que de mauvais moyens d'extraction et employaient la forge la plus désavantageuse. Cela est vrai, mais ces sauvages consommaient sur place et n'avaient aucuns capitaux à débourser pour se créer des moyens de transport et des débouchés. Les deux objections se compensent.

Enfin, pour ce qui concerne les métaux précieux, le gramme brut d'or se vend dans les transactions plus cher au Tonkin qu'en France, d'où l'on peut conclure que le pays est relativement pauvre en ce métal rare dont on le croyait comblé par le ciel. Il se peut donc que le Tonkin occidental ait un avenir minier quelconque ; mais actuellement cet avenir ne repose que sur l'espérance des découvertes futures. Les seuls points véritablement riches en minerais sont dans le sud : le fer et l'or pourraient être amenés par le Psi, le Pékau et le Bla, à Strungtreng, Pnompenh et Saïgon. Mais c'est là affaire à la Cochinchine.

**

La religion n'est pas fort en honneur dans tous ces peuples ; pendant que l'empire d'Annam a élevé dans chaque lang et même en pleine campagne des pagodes imposantes ; pendant que, même aujourd'hui, les Annamites se saignent aux quatre veines pour bâtir des temples en reconnaissance d'un événement heureux ou simplement pour illustrer le passage aux affaires d'un kinhluoc quelconque, les peuplades occidentales traitent la divinité avec une indifférence voisine du sans-gêne. On peut parcourir toutes ces régions, grandes une fois et demie comme le reste du Tonkin, sans rencontrer trois pierres mises l'une sur l'autre en l'honneur d'un dieu, quelque grossier et matériel qu'il soit. Les Mans et les Thôs plantent quatre bambous en terre, y suspendent un petit treillis à hauteur de poitrine, et installent là-dedans, entre deux devises, un bonhomme, un cheval ou un soulier en carton. Ce bel appareil est mis à chaque carrefour pour éloigner les mauvais esprits qui se plaisent à égarer le voyageur. Les Thaïs et les Chinois portent à leur collier d'argent une plaque avec une devise empruntée à un philosophe : cela leur constitue un schim-schim, ou talisman, qui les dispense de toute autre démonstration religieuse.

Quant aux peuples du sud, que les missionnaires entreprennent à leur mission de Rongao-Solong, ils n'ont aucun culte ; ils consultent les oiseaux, et ne rient pas entre eux ; leur conduite se règle d'après le cri du bœlang, et sa position quand il passe près d'eux.

Les Bahnars, qui constituent la peuplade

la plus arriérée, ne connaissent pas les divisions du temps; année et mois n'ont pour eux aucun sens. Ils célèbrent une seule fête, celle des morts. Leur pays est arrosé par le Metun, affluent du Bla, et couvert par le massif montagneux appelé la Table de Pierre; il y a là du mica, de l'étain et, paraît-il, de l'argent. Ils croient aux génies des éléments terrestres, et leur sacrifient des victimes sur de grandes pierres plates.

*
* *

Chose singulière, ces grands indifférents sont logés plus confortablement que dans le Delta. Une maison Méos, une de celles qui sont perdues au fond de gorges inconnues ou en haut de montagnes impossibles, paraîtrait un palais à un Annamite de Sontay. Toutes ces cases sont immenses, bâties sur pilotis, avec un plancher en solide treillage de bambous; les chambres sont spacieuses, bien aérées; les hommes sont séparés des femmes, et les femmes des bêtes; il y a des chambres à coucher où le Méos n'aime pas que l'étranger pénètre; il couche sur un lit exhaussé couvert de nattes, avec un moustiquaire, des rideaux, des tapis et une veilleuse d'opium. Le foyer est relégué dans un compartiment spécial à la cuisine; tout est d'une propreté exquise, lavé et balayé chaque matin. La maison a un balcon circulaire, comme les chalets suisses, parfois même une vérandah protégée par des nattes contre le soleil. Il fait, en hiver, horriblement froid dans ces demeures, où le vent entre par le toit, par les murs et par le plancher. Les cours sont propres, les étables souvent nettoyées, l'eau coule dans de petites rigoles. Le tout est entouré, suivant l'habitude montagnarde, d'une barrière en bambous, mise en croix de Saint-André, bouts affûtés, barrière tout aussi forte que celle de nos meilleurs postes.

* *

La diversité des langues éloignera longtemps ces peuples les uns des autres; non seulement, chaque peuplade a son dialecte, mais chaque village a son patois particulier, parfaitement incompréhensible aux muongs voisins. Cette Babel est surtout remarquable chez les peuplades du sud, dont le jargon se compose à peine de sept à huit cents mots radicaux, qu'il est bien superflu d'apprendre, attendu que l'idiome change tous les 30 kilomètres. Sur la rivière Noire on parle en général le thai, langue impersonnelle très simple, comprenant environ deux cent cinquante mots, et, chose curieuse, n'ayant aucun terme pour parler du passé. Cette langue est encore fort peu connue, attendu qu'il n'existe aucun livre technique ayant trait à son enseignement et que les gens du pays sont trop peu commerçants et inventifs pour apprendre une langue étrangère ou pour enseigner convenablement la leur.

Leur gouvernement est l'oligarchie, la féodalité dans son expression la plus parfaite; le pays est divisé en seize chaûs, douze sibsong (qui font pour six d'entre eux, Muongla, Lai, Moctien, Muongkhoai, Muey et Luan, double emploi avec les chaûs) et six hopanh. Les peuples du sud ont chacun leur territoire suivant leur origine et leur dialecte. Ces chaûs sont l'apanage de familles seigneuriales anciennes, qui de père en fils se succèdent à leur tête depuis un temps immémorial. Au-dessous de ces maîtres, incontestablement obéis et respectés, se trouvent les chefs de cantons, les chefs de muongs, enfin les lithuongs. Toutes ces charges sont héréditaires. L'essai tenté violemment par le quanphong, d'instituer, à l'imitation des quanphus et des quanhuyens annamites, des quanchaûs et des caitongs de sa façon, a été absolument désastreux. Les Méos et les peuples thaïs tiennent à leurs seigneurs; les leur enlever équivaut à les délier du serment d'obéissance. Nous l'avons si bien vu, que nous avons été obligés, dans les chaûs méos, de rétablir l'ancien ordre des choses.

Ces pays sont fort malsains en général. Les fièvres y règnent en maîtresses absolues; fièvres chaudes, fièvres froides, fièvres rémittentes, fièvres des bois, accès typhoïdes, hématuriques, bilieux, algides, pernicieux, pas une ne manque, et beaucoup sont malheureusement mortelles. La fièvre continue, la plaie annamite, l'impaludisme et l'anémie y sont inguérissables, et amènent aux plus graves complications. L'eau des sources est bonne, mais l'eau des fleuves est détestable, tantôt cuivrée, tantôt imprégnée de détritus d'animaux ; si on n'a soin de la faire bouillir et de l'aluner avant de la boire, elle donne les maladies de peau les plus variées. La diarrhée et la dysenterie y sont également répandues, et font trop de victimes par affaiblissement. Enfin là, comme dans tout le Tonkin, on est exposé aux cas d'insolation les plus dangereux, et, malgré l'altitude et le peu d'humidité de l'air, on a signalé chez les Sedangs, à Attopeu, et chez les |Méos, à Lai, quelques cas de choléra déguisé.

※
※ ※

Somme toute, pour l'Européen, le voisinage de ces peuplades, des Méos principalement, est un agrément et un appui. Ces gens de peau blanche, qui ont pour les races aunes une aversion et un mépris manifeste, je sont attachés à nous, non comme à des protecteurs, mais comme à des égaux et à des alliés. Et ils observent et conservent l'alliance avec la foi et la loyauté des premiers âges. Sans bassesse ni flatterie, ils font les soldats les plus dévoués, les camarades les plus gracieux, les hôtes les plus attentifs.

Le Méos ne vient pas se prosterner devant un Européen, ni lui faire, comme les Annamites, offrande de quelques victuailles, pour lesquelles ils attendent avec des mines attendries un payement double du payement ordinaire, qu'on leur jette avec dégoût pour leurs simagrées, et qu'ils ramassent avec des cris et des gestes de bêtes affamées. Le Méos, du plus loin qu'il aperçoit le voyageur, rentre en sa demeure, et quand ce dernier arrive au seuil, il vient à lui les deux mains tendues, et le fait entrer. Il n'a besoin de donner aucun ordre ; chacun s'empresse ; un lit est dressé au meilleur endroit de la chambre des étrangers ; le voyageur est déshabillé, douché, couché ; quand il est reposé, le repas est dressé, on l'invite à la table, et le Méos mange avec lui. La nuit, le Méos garde son hôte, et monte faction devant le gîte des Européens qui dorment ; il s'offenserait d'y voir d'autres sentinelles que lui et les hommes de sa tribu.

Franchise et bravoure personnifiée, il ne craint personne, ni l'homme ni le tigre. J'ai vu un chef rebelle venir à résipiscence moyennant conditions : devant le maître qu'il allait se donner, il a fait une très légère inclinaison de tête, refusé d'entrer et de s'asseoir, et est resté debout sur la porte, drapé dans ses habits de guerre avec une pose théâtrale ; quand on lui a eu accordé ce qu'il demandait, il a, seulement alors, franchi le seuil. Il est resté une partie de la journée, a remarqué le parc aux bœufs vide, s'en est allé librement le soir, et le lendemain a envoyé un bœuf, conduit par un paysan, avec l'ordre de ne recevoir aucune rétribution.

En temps de guerre, le Méos se réunit au chef militaire de son chaû. Si celui-ci juge n'avoir pas besoin des forces françaises, il va au combat avec ses indigènes seuls, et ce n'est qu'au retour qu'on apprend qu'il s'est dérangé et battu pour nous. S'ils ne se sentent pas assez forts, ils demandent notre concours. Mais ils ne veulent pas marcher avec les Annamites; ils ne partent qu'avec leurs alliés, les hommes blancs, et combattent côte à côte, sans souffrir d'être commandés, même par eux.

Le reproche est la seule peine qu'on puisse leur infliger. Devant une colère bruyante, ils haussent les épaules, ayant le mépris de l'homme qui ne sait pas se contenir. Devant une insulte, ils se redressent et marchent sur l'insulteur. Devant un mauvais traitement, ils tirent le sabre et frappent. Les chefs de tribus ont seuls le droit de punir, et ils en usent rarement.

Les différentes branches du pouvoir sont aux mains des vieillards, mais l'autorité suprême n'appartient qu'aux membres d'une seule famille; en l'absence du chef, c'était, dans notre chaû, un enfant de onze ans qui gouvernait, recevait les hommages et écoutait les plaintes; il s'en tirait avec une dignité singulière pour son âge, qui supposait dans son esprit une initiation précoce et dans ses veines un vieux sang de dominateur.

Agile et infatigable, le Méos apprend dès le premier âge à se suffire à lui seul. Il vit retiré en haut de sa montagne, qu'il descend en marchant et qu'il monte en courant. Il est très chaste ; la femme, pour lui, n'est utile qu'au développement de la race ; avec un soin jaloux, il la fait vivre à part, toujours occupée à tisser la soie. Lui, il soigne ses quelques bestiaux, chasse, monte à cheval, mange peu, et ne se repose guère. Libre dans la plus forte acception du mot, il ne rend hommage à ses supérieurs que quand il descend dans les vallées, ce qu'il ne fait que deux fois par an. Le reste du temps, il demeure seul dans ses montagnes, guerrier inoffensif à l'étranger, terrible à l'ennemi.

Une telle race ne peut que se faire aimer du Français avec qui elle a tant de rapports moraux, et à la hauteur duquel elle essaie de s'élever. Et ce sont certainement les Méos qui nous font, au départ, regretter ce pays montagneux, rude et sévère, mais splendide, qui va si bien à leur caractère fier, solitaire et généreux.

CHAPITRE III

LES EUROPÉENS AU TONKIN OCCIDENTAL

On se demande comment, dans des pays semblablement déshérités, où l'Annamite lui-même ne se hasarde qu'avec répugnance, l'Européen peut vivre, travailler, et quelles sont ses conditions d'existence. Quelque dur que cela soit à constater, et quelque *meâ-culpâ* qu'il y ait à faire sur les débuts de notre conquête nouvelle, et sur la première année de notre occupation, il faut, pour la bonne justice, en dire, sans plainte, mais sans crainte, quelques mots exacts. Bien qu'ils ne soient que l'expression, parfois affaiblie, de la plus stricte vérité, les Français qui n'ont jamais quitté la France, et qui ne se sont jamais passés d'un confortable devenu nécessaire à force d'habitude, auront de la peine à y ajouter foi.

Il est juste de dire que, du moment que l'autorité suprême se fut désintéressée de la question, et eut négligé de faire, pour une région unique, un règlement particulier, l'autorité militaire locale, qui avait journellement sous les yeux tous les inconvénients des règlements ordinaires en ces circonstances spéciales, fit le possible pour les modifier et pour les adoucir, dans la mesure trop restreinte de ses pouvoirs. L'exercice militaire était généralement supprimé pour faire place à des corvées peu fatigantes et de première nécessité, telles que constructions de cainhas, débroussaillement aux alentours ou à l'intérieur des postes, etc. La sieste durait aussi longtemps que dans le Delta, quoique le climat fût moins pénible, et le repos de la nuit était augmenté d'une heure ou d'une heure et demie.

C'étaient là, malheureusement, les seuls adoucissements que l'on pouvait apporter au sort de ceux qui étaient chargés de garder les régions extrêmes. On ne pouvait retrancher,

— il fallait même souvent en augmenter le nombre, — les reconnaissances contre les peuplades non soumises, contre les incendiaires des muongs ; reconnaissances durant lesquelles la traversée des arroyos jusqu'aux épaules, les nuits passées dans les bois avec des effets trempés sur le corps, les marches forcées en plein soleil, se succédaient sans interruption. Nos soldats, prévenus trop tard, arrivaient exténués sur le lieu du pillage, à l'heure, à peu près, à laquelle seraient arrivés les carabiniers d'Offenbach ; on ne voyait pas un pirate, on ne tirait pas un coup de fusil, mais, au retour, trois ou quatre décès signalaient toujours sinistrement ces expéditions sans résultat.

Le genre d'habitation, de couverture et de nourriture est des plus défectueux.

Comme les demeures des Méos, — qui ont, eux, au moins l'avantage d'y être habitués, — les casernes des Européens sont bâties en treillis de bambous ou de roseaux similaires, et le toit est fait de paillotes d'algues ou de paille de riz. Le vent passe par les murs, le soleil et la pluie par le toit. A chaque orage, la construction est plus ou moins démantelée, les paillottes sont emportées, les murs entr'ouverts. Quand il pleut, ceux dont les lits sont sous les gouttières déménagent. Le plancher, qui se compose de la terre nue, devient un véritable cloaque. Les hommes couchent sur un lit de camp en treillis de bambous ; il se roulent, la nuit, dans des couvertures, s'il en reste ; le luxe est grand quand un poste est muni de paillasses. Il y a des postes où l'on met un peu de torchis contre le treillis de bambous. Ce torchis sent mauvais quand il est mouillé et tombe quand il est sec. Il en est d'autres où la troupe a logé, pendant un temps, sous les pilotis de cainhas occupées par des magasins ou des transits. Enfin, il y en a certains où, en prévision de l'avenir, on a construit des fours à briques ; mais la pierre à chaux, nécessaire à la bâtisse, ne se trouve que dans l'exhaussement du plateau calcaire qui sépare la rivière Noire du Song-Na; il est difficile d'en trouver à bonne distance dans ces deux vallées, dont le sol appartient au terrain permien. La fabrication marche donc lentement; les premières briques servent à l'établissement de fours sérieux et vastes, d'une boulangerie, des logements d'officiers, des ambulances; c'est déjà l'affaire de toute une année : les choses resteront donc longtemps encore dans l'état où elles sont aujourd'hui. Seul le poste de Vanyen semble appelé à un brillant avenir et à un confortable tout à fait inusité, car on trouve des affleurements calcaires dans le Phuyenchaû.

*
* *

L'habillement est des plus sommaires. Les soldats sont tous arrivés, portant sur leur dos tout ce qu'ils possédaient, effectuant de nombreuses et longues étapes sur les plus mauvais chemins qui soient au monde. Ils ont donc réduit imprudemment leur avoir au strict nécessaire. Ils sont arrivés pourvus de peu, dans un pays nouveau, tout préparés pour les fièvres. Ils ont perdu, usé, ou laissé pourrir à la suite des reconnaissances, du passage des arroyos, par l'humidité, ou sous la dent des rats qui pullulent, la plupart de leurs effets, spécialement les effets de laine. Ceux d'entre eux qui possédaient quelque argent se faisaient faire, par les indigènes, un habillement de montagnard en coton léger, ouvert dans tous les sens et peu profitable, le seul que ces tailleurs improvisés sussent confectionner. C'était navrant de voir grelotter, sous les froids humides, des hommes abandonnés de tous au point d'être obligés de pourvoir eux-mêmes à leur habillement avec leurs 0 fr. 30 de prêt par jour.

Le remplacement des effets perdus, ou arrivés au terme de leur durée, s'effectuait mal, ou ne s'effectuait pas du tout. Il n'y a pas un seul magasin d'habillement dans toute la première région bis. La demande d'effets aux magasins des dépôts met quinze jours à parvenir, dort le temps ordinaire dans les bureaux, et les pirogues qui remontent les effets chavirent ou mettent six semaines à arriver. Donc, dans les cas les plus favorables, les hommes marchent nus pendant deux mois.

J'ai vu une compagnie qui avait pour tout magasin le reliquat des effets des hommes morts de maladies épidémiques, et l'on se disputait ces effets contaminés; j'ai vu des hommes, privés de ceintures de laine pendant deux mois, contracter des dysenteries mortelles; j'ai vu dans un poste tous les hommes marcher nu-pieds. Et, pour les approvisionner en chaussures, la portion centrale n'avait pas d'autre moyen que de leur envoyer une paire de souliers par chaque tram qui venait tous les huit jours apporter les lettres.

**

Il n'y a jamais rien eu de plus pitoyable que la nourriture distribuée aux détachements européens de la région. Inutile de dire que le confortable n'y existe pas, qu'aucune douceur n'y est permise et que l'adjuvant des denrées remboursables est soigneusement supprimé. L'homme fatigué, mal logé, malade, se soutient avec les rations de France et un peu de vin. Il n'y a pas à discuter les chiffres absolument restreints de ces distributions, ils sont universels, et s'appliquent aussi bien en France qu'au Tonkin, ce qui est déjà une anomalie singulière, les pays étant si différents.

Le ravitaillement se faisait dans les conditions suivantes : de Hanoï les vivres étaient embarquées en sampans et jonques, et remontaient le Song Koï jusqu'à Baoha, soit vingt-cinq jours de voyage dans la belle saison, trente-cinq pendant la mauvaise ; de là, après un séjour plus ou moins long dans les magasins de transit (ils y restaient parfois trois mois, faute de moyen de transport aux époques de l'ensemencement, du repiquage et de la moisson du riz), ils étaient transportés par convois libres de Thos à Vanbu (pour Sonla) ou à Moctien (pour Laï et pour les autres postes). Ce transport durait de onze à douze jours. A Vanbu, deux jours de transport conduisaient à Sonla. A Moctien, nouvel arrêt pour attendre les pirogues disponibles. Quand un nombre suffisant était réuni, on organisait un départ pour Laï, où l'on arrivait — quand on arrivait — après un parcours difficultueux de huit jours environ. Les vivres étaient donc par cette voie mis en mouvement, tant par terre que par eau, pendant six semaines, sans compter les arrêts dans les transits.

Au bout de six mois d'emploi, cette route fut abandonnée pour faire place à celle qui fut utilisée, pendant deux ans, et préconisée fortement par tous les voyageurs et les intéressés dans l'ouverture du négoce avec Siam et le Laos. Partant de Hanoï en jonques, les vivres remontaient le fleuve Rouge d'abord, puis la rivière Noire jusqu'à Chobo (dix jours), où ils étaient débarqués pour traverser le barrage, et rembarqués dans de petits sampans. De Chobo jusqu'à Vanyen, la montée du convoi demandait vingt jours. A Vanyen, le convoi était transbordé dans des pirogues; puis il continuait à remonter la rivière Noire, débarquait les vivres de Sonla à Vanchan (deux jours de marche), et conduisait ceux de Lai jusqu'au pied même du poste. La montée de Vanyen à Lai demande de vingt-cinq à quarante jours suivant les eaux, celle de Vanyen à Vanchan une dizaine de jours.

L'adoption de cette deuxième route amena la suppression des postes de Vanbu et de Moctien, et leur remplacement par ceux de Vanchan et de Pahoun. Cette seconde méthode avait sur la première l'immense avantage de moins exposer les vivres à la chaleur du soleil; mais elle avait contre elle le peu de sûreté du voyage et l'inclémence des eaux de la rivière Noire.

Une troisième route de ravitaillement fut mise à l'étude, il s'agissait de remonter le fleuve Rouge jusqu'à Hunghoa, puis de faire des convois libres de Hunghoa à Vanchan, en passant par le haut de la vallée de Phuyen. Cette contrée est peu connue, très mamelonnée, et coupée de sentiers à peine praticables aux trams; il eût fallu de sérieux travaux. De Vanchan, les vivres eussent suivi la route ordinaire. Ce projet, qui était un compromis entre les deux premières tentatives, participait à tous leurs inconvénients, et offrait l'avantage unique de mettre le minimum absolu de temps, soit dix-sept jours, pour se rendre de Hanoï à Vanchan. Mais les chemins étaient trop mauvais, et, dans les défilés ardus et sombres, les coolies avaient trop d'occasions de filer à l'anglaise. Un tel voyage imposé à des denrées de toutes sortes avant leur distribution dans les postes, eût mis directement en cause leur existence et la qualité de ce qui aurait subsisté. Le projet fut abandonné.

***

Il se perdait peu de chose sur la route primitive ; les échouements et les submersions sont assez rares sur le fleuve Rouge ; on les évite presque toujours en prenant pour pilotes les propriétaires mêmes des jonques, lesquels ont tout intérêt à conduire leur bien à bon port. Les convois libres de Thôs et de Thais se relayaient convenablement suivant leur habitude, et ne perdaient guère de charges que par le cas de force majeure : glissement dans un ravin, bris contre les rochers, perte dans un gué devenu mauvais. L'abandon en pleine route était un cas fort rare. Mais la montée du fleuve Rouge dans des sampans mal couverts, les promenades du sel et du sucre sous les eaux des gués et du ciel, et du vin sous le soleil, ce trimbalement qui durait six semaines, et surtout les interminables arrêts au transit de Baoha, avariaient les denrées au point de n'en pas laisser la moitié à la consommation. Une fois la route de ravitaillement par la rivière Noire admise, le principe était de n'en user que pendant les époques de l'année les moins dangereuses, c'est-à-dire pendant les eaux basses. Durant huit mois de l'année, la rivière Noire est normalement innavigable, les radeaux mêmes n'y subsistent pas. Le problème consistait donc à pouvoir, pendant quatre mois, faire monter les vivres à consommer pendant douze, et cela pour toute la région. De plus, comme les magasins de transit de Vanchan et de Pahoun n'étaient pas encore construits, il fallait vider le chargement d'un convoi pendant que le deuxième montait, et en distribuer les vivres aux postes intérieurs.

La rivière Noire fut, dans ce but, divisée en tronçons successifs, chaque tronçon ayant en tête et en queue un transit de vivres.

Premier tronçon. — Basse rivière Noire, de Chobo à Vanyen.

Deuxième tronçon. — Moyenne rivière Noire, de Vanyen à Vanchan.

Trosième tronçon. — Moyenne rivière Noire, de Vanchan à Pahoun.

Quatrième tronçon. — Haute rivière Noire, de Pahoun à Lai.

Chacun de ces postes reçut des moyens de transport appropriés, jonques, sampans, pirogues. Le poste de Chobo, en aval du barrage, était bien pourvu de jonques; le poste en amont fut armé de sept sampans Yunnan et de cinq pirogues devant faire le service jusqu'à Vanyen. Vanyen reçut huit pirogues pour monter les vivres jusqu'à Vanchan. Vanchan reçut dix pirogues pour doubler au besoin Vanyen, et faire la navette jusqu'à Pahoun. Enfin Pahoun et Lai se partagèrent huit pirogues. Plus tard, le nombre des pirogues fut doublé, et dut enfin atteindre le chiffre de soixante-dix. Cette organisation avait le double avantage de ne jamais enlever pour longtemps les pirogues à leur port d'attache et de ne jamais conduire les piroguiers en dehors des parages du fleuve qui leur étaient familiers. Seulement, pour le bon fonctionnement du système, il fallait que les pirogues de Vanyen, par exemple, trouvassent en arrivant à Vanchan les pirogues de Vanchan prêtes à embarquer et à monter à Pahoun. Cette coïncidence manquait fréquemment, et le magasin de Vanchan, qui n'aurait dû contenir que des vivres destinés à Sonla, était obligé de recevoir des vivres destinés à Lai, ce qui faisait encombrement sur la voie et forçait le commandant du poste de Vanchan à refuser des vivres à lui destinés, ou à les laisser en plein air. Il eût fallu aussi que les pirogues ne fussent jamais distraites de leur destination primitive, ce qui n'était pas possible : les compagnies de relève s'en servaient pour monter, les compagnies relevées pour descendre, les ambulances pour évacuer leurs malades, les officiers et les corps pour transporter leurs bagages. Les convois partaient donc incomplets et arrivaient mal à propos. Si, en dehors de cela, un mauvais temps, une avarie, une crue subite des eaux, arrêtait un convoi plusieurs jours dans un poste de garage, c'était une désorganisation complète du service. Si une crue le rencontrait en plein fleuve, c'était un désastre. Malgré cela, cette partie du ravitaillement fonctionnait à peu près, et, après avoir profité de l'époque favorable à la navigation sur la rivière Noire, on put arriver à avoir, dès mars 1889, dix mois de vivres de réserve dans les magasins de Lai.

Quant aux transports à l'intérieur, il était à peu près impossible de songer à des convois escortés ou libres : les Méos ne se soumettaient qu'avec répugnance à cette obligation, si bien rétribués qu'ils fussent. D'ailleurs la population de ces hauts plateaux était trop clairsemée pour exiger d'elle le nombre de bras nécessaires aux transports. De petits chevaux furent achetés sur place par l'entremise du quanphong. Encore ne pouvaient-ils pas passer partout et fallait-il racoler tous les coolies de la région pour opérer le transport des vivres de Vanchan à Sonla, le chemin qui existe entre ces deux postes étant trop encombré de rochers pour permettre le passage des chevaux. Ces petits chevaux, au nombre de vingt, puis de quarante, furent destinés au poste de Tuangiao; ils devaient faire la navette de Sonla à Tuangiao, et de Tuangiao à Dienbien, sur ce grand plateau où il ne se rencontre pas de difficultés énormes. La suppression de Tuangiao conduisit les petits chevaux à Lai, poste désormais chargé de ravitailler Dienbien. Mais les chemins ne s'accommodaient pas de ces transports, les seuls possibles pourtant, puisque la contrée est habitée par des gens si fiers qu'on n'y trouve pas deux coolies pour les soins de propreté du poste. Sur les vingt premiers petits chevaux, treize périrent au premier voyage. On empêcha les sept autres de faire leur très médiocre service, étant démontrée l'impossibilité, actuellement du moins, du ravitaillement décrété à Hanoï.

Il est vrai que le retrait de ces régions des troupes européennes facilite l'exécution du service en réduisant le nombre des consommateurs; il est même probable que l'occupation par les troupes d'Afrique de la haute rivière Noire ne se représentera plus que dans des cas tout à fait exceptionnels. Mais six compagnies de tirailleurs tonkinois et méos occupent normalement le pays, ce qui y amène environ cent cinquante à deux cents Européens, dont il faut en quatre mois transporter les vivres de consommation depuis le Delta jusqu'aux frontières de l'Ouest.

**

Par la route de ravitaillement de la rivière Noire, les vivres étaient moins secoués ; ils changeaient d'embarcations à Chobo et à Vanyen, et n'étaient plus touchés jusqu'à leur point de débarquement, Vanchan, Pahoun ou Laï. Le plus long transport par voie de terre étant de trois jours, détériorait moins les charges ; elles arrivaient au but avec moins d'avaries et de dépréciations. Par contre, les barrages, les rapides, les tourbillons de la rivière Noire exerçaient sur les pirogues une sélection terrible. Des deux premiers convois qui la remontèrent, — dans une saison douteuse, il est vrai, — le premier, composé de trente et une pirogues, en perdit dix-sept. Le deuxième, composé de quinze pirogues, coula tout entier en avant de Namma, à la suite d'une crue subite, et les malheureux qui l'escortaient errèrent sept jours sans manger dans les montagnes désertes. D'ailleurs, mal couvertes de feuilles de bananier, les pirogues laissaient passer le soleil, tandis que, à chaque rapide, l'eau de la rivière embarquait par l'avant, et sortait par l'arrière, trempant d'un coup le chargement entier.

Aussi, que ce fût à Sonla, à Lai, ou ailleurs, l'arrivée des vivres donnait lieu à de sérieux mécomptes, comme qualité et comme quantité. Comme quantité on constatait des pertes énormes. L'administration centrale avait à faire, à ce sujet, un gros *meâ-culpâ*. Au lieu d'employer les meilleures enveloppes, capables de résister à un long voyage, on n'y destinait que tout ce qu'il y avait de médiocre et d'avarié. Ainsi les doubles sacs qui devaient envelopper la farine n'existaient presque jamais, et l'on ne recevait que des sacs troués, d'où la denrée s'échappait. Au lieu de tonneaux neufs, on n'envoyait que des barriques décerclées, à douves soulevées, perdant le vin par le haut, le bas et les côtés. On bouchait les fissures avec de la terre glaise qui, une fois sèche, se fendait et tombait, et le vin continuait à couler pendant tout le voyage. Les caisses de sucre, mal fermées, recevaient les rayons du soleil, et pendant tout le voyage, le sucre fondait. Mais cela n'était rien à côté du vide produit, quand des pontonniers avaient été chargés du convoi, ou que le convoi était resté longtemps en transit. Le manque de soins, l'insouciance générale, le nombre incroyable de mains subalternes par lesquelles passaient les denrées, occasionnaient des pertes dont la cause est facile à saisir, sans y appuyer davantage. Il est bon seulement de faire remarquer que ce larcin, accompli sciemment au détriment de camarades dénués de tout, constituait un acte bien plus grave que le vulgaire rapt dont l'État est victime, chose qui semble aujourd'hui presque naturelle et passée dans les mœurs de la petite administration. J'ai vu arriver à Lai, point extrême, des factures de vin de douze cents litres par tonnelets de cinquante; et lorsque ces tonnelets étaient reçus, jaunis de terre glaise et sonnant creux, on en sortait trois cent soixante-quinze litres ! On accusait réception des douze cents litres, et en même temps on faisait un procès-verbal de perte pour huit cent vingt-cinq litres ; le bureau centralisateur et contrôleur acceptait sans observation ces chiffres, comme s'il eût approuvé tacitement les actes qu'ils décelaient. Il y aurait eu un moyen d'arrêter ces prodigalités intempestives ; c'eût été que le destinataire refusât et renvoyât à l'expéditeur un envoi aussi scandaleux. Mais dans ces postes éloignés, c'eût été condamner à la famine et à la privation pendant des mois des troupes déjà trop éprouvées, et les chefs de poste eurent raison en somme de ne pas assumer par cette mesure la responsabilité de l'existence de leurs hommes.

*
* *

Comme qualité, tout était à peu près défectueux. L'eau, le soleil, les emplacements mauvais pendant les longs séjours, le trimbalement sur de longues routes par des mains inexpérimentées, les bains forcés dans les gués ou dans les rapides, concouraient à faire des denrées à l'arrivée un affreux mélange que personne n'avait envie de se disputer. Le peu de vin qui arrivait, brûlé, et bousculé dans l'espace vide de sa barrique, était aigri et causait des douleurs d'estomac. Il avait quelquefois un goût amer et répugnant, et l'on était obligé de donner l'ordre de le jeter, pour éviter des diarrhées épidémiques.

La farine était fermentée, réunie en gros morceaux noirâtres et sentant mauvais, brûlant quand on les manutentionnait. On en obtenait un pain tellement repoussant d'aspect et répugnant au goût que les hommes le jetaient et que j'ai vu les bestiaux n'en pas vouloir. Il était impossible de le faire cuire, de faire lever cette pâte qui ne prenait pas, qui se cassait; tous les modes de levure étaient impuissants. Je me rappelle avec horreur que, un jour, à Bactan, le boulanger voulant à toute force faire du pain, parce qu'il n'y avait plus autre chose à manger, dut employer, comme levure, des excréments humains!

Les légumes, pois, lentilles, haricots,

étaient pourris; le café était mangé par les vers; le biscuit marchait tout seul, et on avait interdit de le distribuer. La viande de conserve restait seule bonne; la viande fraîche aussi, à condition qu'elle fût salée dès le premier jour, mais conservant toujours son insipidité et son peu de qualités nutritives. Une singulière ordonnance, s'appuyant sur ce que la viande de bête tuée ne se conservait pas longtemps par la chaleur et par les temps humides, interdisait l'usage de la viande fraîche dans les postes qui ne comptaient pas trente-deux rationnaires européens. A trente-deux rationnaires, en effet, la viande se conservant un jour fraîche et deux jours salée, était consommée à peu près tout entière; il n'y avait aucune perte. Dans les postes occupés par une compagnie de tirailleurs, le cadre ne comportait que quinze à vingt Européens. On aurait pu tourner la difficulté en vendant la viande aux tirailleurs, qui en sont friands, et l'administration serait ainsi rentrée dans ses déboursés. Mais on n'y songeait guère. Ceux-là donc ne mangeaient jamais de viande fraîche, même lorsque leur poste entretenait un troupeau de bœufs. Les animaux, qui auraient dû servir à l'alimentation, vivaient de leur belle vie et mouraient de leur belle mort, à moins qu'ils ne périssent de consomption, faute de pâturages, comme à Lai, ou qu'ils ne fussent enlevés par le tigre, comme à Baoha. De sorte que, pour éviter la perte d'une partie de la bête, la circulaire en question conduisait fatalement à sa perte totale. Les postes ainsi privés n'avaient que du porc frais, dont l'usage continu n'est pas bon dans la colonie, ou bien l'éternelle conserve de bœuf. Il existait bien dans les magasins des conserves de mouton, des « chauffoirs », des boîtes de sardines, des conserves de légumes et du lard salé ; mais une deuxième circulaire défendait d'y toucher avant qu'une troisième vînt le permettre.

***

Voilà de quoi se composaient les distributions journalières, et quand on avait de ce pain, de ce vin, de ces légumes, on pouvait compter ce jour pour un jour heureux. Car il y avait des semaines, des mois, où l'on manquait de légumes, de pain ou de vin, parfois des trois à la fois. A ces époques-là, on vivait au petit bonheur; une fois ouvertes, les boîtes de conserves volaient leur nom ; elles ne se conservaient pas; on mangeait du pourpier, de l'aréquier, du bananier, du bambou. Quand il passait un paysan, ce qui n'arrivait pas une fois par semaine, on lui achetait une douzaine d'œufs pour 5 francs, et dans cette douzaine d'œufs on trouvait généralement six petits poulets.

En route, c'était bien pis encore ; sur une observation des tongdocs, réclamant au nom de l'agriculture, le général en chef, pour diminuer le nombre des coolies et les laisser à leurs rizières, avait retiré aux troupes en route le droit de manger du pain et de boire du vin *(circulaire du 22 avril 1888)*. Si les soldats avaient de quoi se nourrir eux-mêmes, ils vivaient à la mode annamite. Mais ce cas se présentait fort rarement. Ils mangeaient alors du riz rouge de montagne et buvaient du thé ou bien de l'eau, ce qui ne les empêchait pas de faire les étapes, de gravir les montagnes, de passer dans l'eau jusqu'au cou, et de trotter ensuite sous 40 et 50 degrés de chaleur, et finalement de tomber à l'arrivée mortellement atteints.

J'ai vu deux de ces misérables, mourant de faiblesse, boursouflés par l'anémie, évacués sur des routes mortelles, d'une ambulance où il n'y avait plus ni une boîte de lait ni un gramme de quinine, m'appeler comme un sauveur, parce que, autrefois, une simple bouteille de champagne, que je leur avais apportée à temps, les avait préservés du choléra; je n'avais rien pour les secourir, dans un pays ingrat, où je mangeais comme eux du riz gluant et des œufs pourris, où il n'y avait pas un médicament à 200 kilomètres à la ronde, et où je possédais pour toute fortune un mandat de 500 francs que les caisses de compagnie de région et de fonds d'avance réunies ne parvenaient pas à me payer. J'ai dû voir partir ces malheureux sans secours, et plus désespérés qu'avant. Ils sont morts tous les deux à l'étape suivante.

Et rien, pendant le long séjour que j'ai

fait là-bas, n'a été tenté pour améliorer cette situation déplorable par ceux, militaires ou civils, qui, ayant à Hanoï et dans le Delta bon vin, bon gîte et le reste, auraient pu employer leurs loisirs à autre chose qu'au défrichement d'un champ de courses, et leur argent à autre chose qu'à la constitution d'une société des fêtes.

***

Dans la région surtout, le service des hôpitaux, ambulances, infirmeries volantes se ressent du double courant qui influe sur tous les services au Tonkin : dévouement de l'homme isolé, indolence et indifférence des centralisateurs.

Il n'y avait pas d'hôpital dans tout le Tonkin occidental. On y avait installé des ambulances, sorte de compromis entre les ambulances de campagne et les modestes infirmeries régimentaires; il existait, pour un espace aussi grand à lui tout seul que le reste du Tonkin tout entier, deux infirmeries-ambulances, l'une à Sonla, l'autre à Lai, et en tout deux médecins, chacun dirigeant l'une de ces deux infirmeries. L'hôpital d'évacuation fut d'abord celui de Hunghoa, puis, après la suppression de ce dernier, l'hôpital de Sontay.

La défectuosité de cette organisation saute à l'œil à première vue. Sur dix postes des régions de la rivière Noire, Chobo, Suyut, Vanyen, Vanchan, Vanbu, Pahoun, Sonla, Lai, Tuangiao, Dienbien, sans parler de petits postes détachés comme le furent Muongang, Chinhnua et tant d'autres, deux seuls sont pourvus du strict nécessaire en matériel et en personnel; dans les huit autres, les officiers chefs de poste, armés d'une circulaire médicale du docteur Dujardin-Beaumetz, font l'office de médecins, passent les visites, distribuent les médicaments et décident des évacuations.

Quelle que soit sa bonne volonté, on ne peut exiger d'un capitaine ou d'un sous-lieutenant les connaissances en médecine nécessaires pour distinguer la cholérine de la dysenterie, et certains accès pernicieux du choléra. On ne pourra pas exiger de lui qu'il connaisse les manières différentes de traiter les mille sortes d'accidents palustres auxquels le pays donne naissance ; pour lui, toute fièvre se traduit par un accès de froid ou de chaud et se guérit par une dose de quinine généralement exagérée. On ne peut pas demander qu'il manie le bistouri pour opérer les phlegmons et les abcès résultant journellement des plaies annamites et des maladies de peau ; pour lui, toute affection de ce genre sera un furoncle qu'il ouvrira avec un canif. A plus forte raison, les maladies d'intestins, gastrites, péritonites, typhus, dysenterie, contre lesquelles il ne lui reste qu'un secours : l'évacuation. A combien d'erreurs involontaires et innocentes une quantité d'Européens et d'indigènes ne doivent-ils pas la mort dans des postes ainsi abandonnés.

Quant à l'évacuation, c'est un moyen de dernière extrémité qui tourne souvent mal. Un malheureux, évacué de Dienbien, sera transporté huit jours à dos de coolies, sous la garde d'un Européen chargé de lui administrer des médicaments plus ou moins appropriés, dans un palanquin, où il ressentira toutes les secousses de la marche, et où il trempera dans tous les arroyos. Au bout de ce temps de martyre, il trouvera un poste aussi malsain et aussi peu fourni que celui qu'il vient de quitter, où il sera obligé d'attendre une pirogue libre pour l'évacuer plus loin. Il fera, suivant le cas, dix, quinze ou vingt jours de pirogue, cahoté dans les rapides, arrêté dans les barrages, mouillé par les vagues des fleuves, transi par les embruns nocturnes, avant d'atteindre l'hôpital sauveur, où il n'arrive généralement que pour mourir des fatigues du transport. Un homme assez fort pour supporter allègrement le voyage en question, ne sera pas, dans sa garnison, jugé suffisamment malade pour l'évacuation. Par un point d'honneur, ou un entêtement inconcevable à comprendre, on attendra que sa maladie devienne maladie grave, puis incurable; on attendra, pour l'évacuer, que l'évacuation le tue presque infailliblement.

Ce n'est pas pourtant le personnel qui manque. Lorsque l'administration de la guerre céda le Tonkin à celle de la marine, il y eut réduction dans l'effectif du corps de santé, la marine ayant entrepris une tâche bien au-dessus de ses forces. Mais, pendant qu'une quantité de postes étaient privés de tout secours scientifique et de toute aide matérielle efficace, il y avait, au grand dépôt de Hanoï, cent cinquante infirmiers inoccupés à leur service, qui faisaient deux heures d'exercice militaire par jour, et qui, le reste du temps, cassaient des pierres ou bêchaient les jardins des hauts fonctionnaires de l'État. On n'a jamais songé à les distraire de ce travail important.

**

Dans les deux postes pourvus de médecins, la situation était meilleure, sans cesser néanmoins d'être précaire. Un seul infirmier aidait un seul médecin dans la visite, les soins et la surveillance des malades de deux compagnies d'indigènes et d'un peloton d'Européens (Lai et Dienbien). A Sonla, le même cadre était préposé aux soins à donner à deux compagnies et demie (Sonla, Vanchan,

Pahoun) et d'un peloton d'Européens (Sonla).

Si un officier était malade dans un poste éloigné, il était forcé d'abandonner son poste pour aller trouver le médecin ou le médecin forcé d'abandonner son ambulance pour aller trouver le malade. De plus, les médecins, comme les autres, étaient sujets à de fréquentes maladies. A Sonla, après une longue disette d'officiers de santé, on vit arriver un médecin qu'une récente insolation avait rendu fou, et qui ordonnait de la quinine pour les maladies de vessie. Son successeur ne quittait pas son lit, et donnait des consultations, fenêtres closes, dans la nuit absolue.

Enfin, le matériel n'était ni au complet, ni en bon état. Outre que les ambulances étaient construites aussi défectueusement que les casernes, les réparations les plus urgentes n'y étaient pas faites. Le médecin-chef de Lai a réclamé vainement pendant six mois la réfection de la toiture de son ambulance, et ne l'a pas obtenue. Les médicaments arrivaient en petite quantité et en mauvais état. L'ambulance de Sonla, la plus chargée, a manqué, malgré les réclamations générales, pendant trois mois, des remèdes les plus usuels. Dans ce pays aux fièvres et aux diarrhées mortelles, il n'y avait ni une boîte de lait, ni une goutte d'opium, ni un gramme de quinine, et les malheureux malades mouraient dans cette lugubre salle, remplie et silencieuse, au milieu des infirmiers impuissants et des réserves de médicaments épuisées.

Et cependant jamais le dévouement des officiers de santé ne s'est ralenti dans ces circonstance ingrates. Jamais ce corps ne s'est autant montré à hauteur de sa tâche, et si la fatalité voulait qu'ils ne pussent guère sauver de monde, du moins leur devoir fut-il cent fois pour une accompli. Ni les épidémies cholériques ou pernicieuses, si fréquentes, ni les accès de fièvre dont ils étaient eux-mêmes affaiblis, ne les ont un instant détournés de leur mission; et tous ceux qui, trop nombreux, ont eu à passer par les ambulances désolées de nos régions, se sont vus ranimer par leurs soins et leurs consolations morales, et seraient ingrats de ne pas leur garder un juste tribut de reconnaissance.

*
* *

On peut, de tout ce qui précède, conclure que la mortalité est grande dans le Tonkin occidental, tant parmi les Européens que parmi les indigènes. Elle variait un peu suivant les postes : le débroussaillement, cause passagère de maladies, éloignait les accès mortels; le voisinage des rizières, de l'eau, pas ses brumes nocturnes et matinales, les amenait au contraire. En saison chaude, le « pour cent » normal augmentait de beaucoup. Vanbu, le plus sain de nos postes, fut évacué par des raisons militaires. Tuangiao fut évacué comme étant malsain; cependant il ne dépassait guère la moyenne ordinaire. Pahoun, à quelque distance du fleuve, loin de tout village, sur un plateau très aéré et dénudé, présentait d'excellentes conditions d'hygiène. Dienbien était dans une position peu avantageuse. Lai était au confluent de quatre rivières, au milieu des forêts vierges, et Sonla disparaissait sous la boue des rizières. Quant à Vanchan, qui jouissait d'abord d'une détestable réputation, le débroussaillement opéré par la suite en fit un poste un peu moins mortel.

Il n'était pas à dire que quelqu'un pût échapper à l'influence du climat. Du haut en bas de l'échelle militaire et sociale, il n'est peut-être pas un seul des habitants de la région qui ne lui ait payé son tribut, plus ou moins fort, plus ou moins prolongé, lequel consistait principalement en fièvres de toutes sortes et anémie palustre.

Dans certains postes, elles venaient au bout d'une quinzaine de jours et duraient deux mois, lentes, sourdes, infléchissables; dans d'autres, elles saisissaient dès le premier jour d'une étreinte pernicieuse, dont on ne sortait que mort ou vainqueur, et à laquelle on ne pouvait se soustraire que par un départ précipité.

**

Quoi qu'il en soit, la mortalité peut être évaluée chez les Annamites à neuf pour cent, tous pour diarrhée ou dysenterie. Ils sont mieux habitués que d'autres, et l'eau seule cause leurs maladies et leurs morts. D'ailleurs, avec leur indolence habituelle, ils ne prévoient pas la maladie, et, une fois atteints, se laissent tomber sans réagir, avec une incroyable lâcheté.

Quant aux Européens, je n'ose presque pas citer le chiffre effrayant de leur mortalité. La seule compagnie entière qui soit jusqu'à présent montée dans ces contrées fut plus que décimée. Et je suis obligé de citer des chiffres exacts afin d'être cru, tant les résultats d'un séjour de huit mois sont lamentables.

Lorsque l'ordre arriva, le 14 mai 1888, à cette compagnie, de gagner Sonla, elle partit à un effectif de 132, qui fut renforcé d'abord par un détachement de 8, puis par un de 5, puis par un de 12; total 157.

La route du haut fleuve Rouge lui enleva 6 hommes de son effectif primitif, par dysenterie ou insolation. A Baoha, elle laissa 9 hommes à l'hôpital (1 mourut, 8 rejoignirent); elle évacua 5 soldats sur le Delta d'où ils durent être rapatriés. De Baoha à Sonla, elle perdit 4 hommes dont 1 dévoré par un tigre, et arriva à Sonla à l'effectif de 98, porté à 123 par les détachements qui rejoignirent. Ces 123 hommes furent répartis, le 21 juin, entre Sonla et Lai. Le 31 décembre de la même année, la compagnie redescendit dans le Delta, où elle fut réunie; elle comptait en tout 59 hommes. Dans une période de six mois, elle avait perdu 64 hommes, plus de la moitié de son effectif. Aussi ordonna-t-on son départ pour Sontay; si elle était restée, comme l'indiquait l'ordre primitif, à Sonla et à Lai jusqu'au 1ᵉʳ mars, la mortalité continuant dans la même proportion, elle serait descendue à l'effectif de 16.

La mortalité moyenne de la région pour les Européens est de soixante-trois pour cent par an.

Je n'ai pas, malheureusement, sous la main le compte rendu sanitaire de la région, mais je sais que dans un poste du haut fleuve, la garnison annamite perdit en onze mois le dixième de son effectif, et que sur 188 tirailleurs il y eut 190 entrées à l'infirmerie-ambulance; que la garnison européenne perdit en six mois le tiers de son effectif et que sur une moyenne de 28 européens, il y eut 97 entrées à l'ambulance, c'est-à-dire que chaque homme y entra à peu près toutes les six semaines; que, enfin, il y eut 7,200 journées de traitement et 2,058 journées d'exemption pour 195 hommes sur 180 jours de présence au poste.

Ce poste de Lai donne à peu près la moyenne sanitaire de la région; car si Vanyen et Pahoun sont plus sains, Chobo ne vaut pas mieux, et Sonla et Vanchan sont bien plus mauvais.

On peut s'en rendre compte d'ailleurs par le tableau ci-après dont les chiffres sont authentiques.

CORPS	Effectif	Durée de séjour	Décès	Malades traités	Journées d'hôpital	Journées d'exemption	Mortalité annuelle	Morbidité annuelle	Non-valeurs journalières pour la garnison
Européens	35	6 mois	11	97	2311	749	62,84 0/0	188 0/0	93 0/0
Indigènes	188	11 mois	19	190	3716	2333	10 0/0	40,6 0/0	11 0/0

JOURNÉES DE TRAITEMENT

DES PRINCIPALES MALADIES

Fièvres intermittentes 1,256
Fièvres pernicieuses 1,798
Diarrhée 266
Dysenterie 457
Plaies annamites 753
Gale 248

En ce qui concerne l'utilité militaire, la garnison de Laï perd en six mois vingt-huit pour cent par mort et trente et un pour cent par évacuation, ou cent dix-huit pour cent par an, tandis qu'en France la proportion similaire est de un pour dix mille. La conclusion est que, une troupe de quelque effectif qu'elle soit, arrivant à Laï le 1er janvier, sera réduite à moitié le 1er mai, et au zéro strict le 1er octobre; qu'en conséquence tous les huit mois, une garnison nouvelle doit, non pas relever, mais remplacer la première, qui aura disparu entièrement jusqu'au dernier homme.

Cette résidence conviendrait mieux à des forçats qu'à des soldats; et peut-être la céderaient-ils sans regret pour la Nouvelle-Calédonie ou pour Cayenne. Il est vrai qu'ils ont ici, oubliés au milieu de leurs morts inconnus, une seule consolation : n'avoir de fers ni aux pieds ni à la conscience.

*
* *

Il est difficile, dans le Delta, d'évaluer la mortalité des troupes. C'est un secret terrible et soigneusement gardé. Pas même dans la plus petite expédition, on ne peut connaître le nombre des disparus. En temps d'épidémie les lettres pour la France sont toutes ouvertes, et les plus compromettantes sont retenues, tant il faut que l'on ignore, dans la Métropole, combien nous pouvons perdre d'hommes. Nos journaux indigènes ne savent que ce qu'on veut bien leur dire, et à condition de ne pas le répéter trop haut. Ce qu'on ne connaît pas surtout, c'est le nombre des rapatriés ou évacués qui succombent à l'arrivée dans les hôpitaux d'Europe ou d'Algérie. Les statistiques sont cachées comme des crimes et sont plus impénétrables que des secrets diplomatiques. Mais au Tonkin, on met de la coquetterie à cacher ses morts. A Sontay, par exemple, il y a un cimetière d'une grandeur rassurante, qui ne dépasse pas en étendue celle de la moitié de la ville. Il ne semble pas, à le voir, qu'il meure beaucoup de monde. Mais on ne sait pas que, tous les ans, les cadavres, avant d'être confondus à la terre, sont exhumés et jetés, soit au fleuve, soit dans une fosse commune; que les croix et les indications disparaissent; que les morts de l'année sont enterrés dans des fosses déjà occupées, de façon qu'on n'ait pas à agrandir le cimetière. Ainsi paraît exister une mortalité minime.

Mais dans les régions hautes, ce raffinement n'est pas connu; on y étale au grand jour ses douleurs et ses pertes. Nous avons trop déjà d'enterrer nos morts; nous n'avons pas le temps de les déterrer.

Aussi Lai, fondé depuis un an (1888), a-t-il un cimetière rempli jusqu'au bord; aussi Sonla, occupé depuis huit mois, a-t-il deux cimetières combles, et on est en train de remplir le troisième. Aussi Vanchan, qui n'a pas de garnison européenne, a-t-il son funèbre champ de bananiers occupé par les cadavres des seuls passagers. Aussi, quelle que soit la route que l'on fasse dans ce pays, qui ne nous a été si fatal que parce que nous l'avons mal compris, on rencontre, sur le bord des sentiers, des croix grossières, cachées sous les hautes brousses, parfois des renflements de terrain sur la route même. Partout, sur les plateaux, dans le lit des ruisseaux, sous les forêts toutes noires d'ombres, ceux qui sont restés en arrière, et sur la tombe desquels personne ne peut plus mettre de nom, montent une funèbre garde; jamais tant de dévouement ignoré n'aura été dépensé avec tant de gaieté de cœur, et jamais plus inutilement n'auront disparu tant de braves hommes, laissant la lourde charge de leur mort à des consciences qui dorment.

CHAPITRE IV

LA MISSION PAVIE
NOTRE POLITIQUE D'INTERVENTION AU LAOS
ET SUR LE MÉKONG

Le but que le public prêtait à la mission Pavie était d'expérimenter la navigation de la rivière Noire. Tandis que celle du fleuve Rouge se fait en grandes jonques jusqu'à la frontière (puisqu'il y a eu à Laokai une jonque de guerre armée d'un canon Hotchkiss, et que les canonnières le remontent jusqu'au Thaccai (1), la navigation de la rivière Noire est au contraire très difficile. Son lit, creusé dans le terrain permien, est entremêlé de rapides et coupé de barrages; les canonnières ne remontent que jusqu'à Chobo (Haotrang des Mans), dont elles ne peuvent dépasser le

1. Et que sous peu les Messageries enverront jusqu'à Laokai des transports fluviaux à vapeur.

barrage, malgré les travaux à la dynamite déjà exécutés. Au delà, on emploie de petits sampans, type du Yunnan, assez étroits pour passer entre les rochers; en amont de Vanyen, on n'utilise plus que les pirogues à trois, quatre ou sept rameurs, d'une largeur de 1 à 2 mètres, sur une longueur de 5 à 8. Ces fuseaux, qui ne calent rien, qui se renversent sous le flot et se redressent d'eux-mêmes, peuvent passer presque partout, et, une fois déchargés, être portés par deux hommes le long des passages difficiles du fleuve.

Le point qu'éclaircit à ce sujet la mission Pavie ne le fut qu'incidemment et imparfaitement. M. Pavie monta le fleuve dans une petite chaloupe à vapeur, *le Leygues*, pouvant tenir juste le bagage et le personnel de la mission, et calant environ 30 centimètres. Cette chaloupe, partie de Chobo le 24 août, monta difficilement le fleuve jusqu'au 12 septembre, époque à laquelle elle s'échoua au milieu d'un rapide, à 25 kilomètres en aval du poste de Vanchan. La crue des eaux démantibula la chaloupe, qui partit, morceau par morceau, au gré du courant. M. Pavie opéra de nuit un débarquement assez dangereux, et se réfugia à Thaccua, village chinois des environs. De là à Laï il monta en pirogue ; le problème de la navigation de la rivière Noire n'était pas du tout résolu, il était simplement avancé d'une centaine de kilomètres.

Mais la mission Pavie n'était nullement ce que croyait le vulgaire, il ne s'agissait guère non plus de reconnaître la contrée qui nous reliait au Siam ; ce sont là des routes connues de vieille date, et jalonnées sommairement pour la première fois par Francis Garnier. Cette région parcourue par des missionnaires venus du Laos ou de l'Annam central, puis par des personnages semi-officiels, puis par des explorateurs, n'était pas aussi inconnue qu'on voulait bien le dire, et la traversée de M. Pavie jusqu'au Mékong n'offrait qu'un intérêt géographique secondaire.

*
* *

Lorsque j'arrivai à Thaccua, venant de Vanyen, après plusieurs jours d'une course échevelée à travers des montagnes pénibles et des arroyos débordés, je trouvai là M. Pavie entouré de conserves, mais sans souliers, couvant la fièvre qui faillit l'emporter à Namma.

M. A. Pavie, consul de France à Luang-prabang, est un homme de quarante à cinquante ans, qui, malgré des fatigues sans nombre et quatorze ans de séjour dans l'Indo-Chine, porte à peine son âge. Il est droit, vert, sec comme un bambou, sachant à la fois goûter l'harmonie d'un beau quintette à l'Opéra, et marcher pieds nus comme les sauvages : doué d'une énergie peu commune, d'une volonté de fer, d'une patience inaltérable, il a vécu dans ces régions primitives; aplani, plutôt que renversé, les obstacles qui s'opposaient à son but, appris les langues et les usages des peuples qu'il visitait, apaisé leurs différends, acquis leur confiance; sa parole, en certains pays, vaut mieux qu'une armée, et les services que cette seule parole peut rendre sont incalculables. Sa santé, ébranlée par des fatigues et des privations continuelles, l'oblige à certains ménagements que l'on ne peut pas prendre dans la vie qu'il mène, et son retour momentané en France lui a été d'un bien précieux.

Au demeurant, c'est un homme doux, serviable, accessible à tous, cherchant à être agréable, à rendre service même au plus petit, et n'ayant jamais laissé sur son passage que de véritables amitiés ou de respectueuses sympathies (1).

Il était accompagné de huit Cambodgiens, véritables gardes du corps, qui le suivent dans tous ses voyages. Il avait avec lui, notamment, Camdoi, le frère d'un chef révolté, dont la présence fut par la suite très utile, et un jeune homme de quatorze ans, fils du premier chef laotien qui se déclara pour nous et fut assassiné par ses collègues. M. Pavie recueillit l'enfant qui grandit à ses côtés et répondit à ses soins; il lit et écrit parfaitement le français, a accompagné M. Pavie à Paris; il vit et s'habille à la française; sa physionomie même s'est européanisée, et,

1. A l'heure actuelle, le consul Pavie remonte de nouveau la rivière Noire dans le but de nous amener les Hopanh.

avec son air modeste et son œil très intelligent, il ne diffère d'un jeune garçon de nos classes moyennes que par ce détail unique, qu'il n'a jamais pu s'habituer à porter des chaussures.

Faisaient encore partie de la mission : M. Nicole, un journaliste, qui mourut à Vanchan d'un accès pernicieux ; MM. Garanger (1) et Vacle, ce dernier ancien explorateur du haut Songchai, lesquels suivirent cette fois en amateurs ; M. de Saint-James, lieutenant d'infanterie de marine, chargé de la topographie ; ce dernier, atteint de fréquents accès de fièvre bilieuse, dut quitter la mission à Vanchan ; il fut remplacé par le lieutenant Desperles, des tirailleurs tonkinois, un grand garçon bien planté qui marchait comme un Hercule, criait toute la journée, mangeait comme six, et n'était jamais malade ; M. Massie, pharmacien militaire, géologue de première force, chargé de reconnaître et de délimiter les terrains si tourmentés de ces régions. Le commandant de la région vint

1. Celui-là même qui rentrant en Europe par l'Amérique, y rencontra Gabrielle Bompard.

s'y adjoindre à Vanchan, pour y représenter l'autorité militaire et donner aux négociations le droit et la force du fait accompli.

Le commandant de la région des chaûs de l'ouest est un homme grand et alerte, aux cheveux raréfiés et grisonnants, aux favoris longs, espacés de l'officier flottard. L'âge, l'expérience et la responsabilité donnent aux traits reposés de son visage une expression de calme absolu; l'œil seul est vif, pétillant, rieur, l'œil d'un jeune homme en bonne fortune. Ceux qui l'ont autrefois connu disent que sa jeunesse superbe ne fut pas exempte d'éclat, et que, jusque dans le grade précédent, il étonnait toute une colonie par ses fantaisies, et dépensait dans les festins joyeux toute la vigueur de son corps et la souplesse de son esprit. Aujourd'hui, toutes ses remarquables qualités, faites d'entrain et d'intelligence, se sont tournées vers le travail, pour lequel il a une grande puissance. Prompt de résolution et d'action, tenace dans l'accomplissement de ses projets, franc avec ses amis, diplomate fin et discret avec les indigènes, officier vaillant, payant de sa personne, intelligemment bon avec ses troupes, causeur malicieux et railleur, observateur attentif et physionomiste, possesseur d'une mémoire à défier tous les bergers de Touraine, tels sont les principaux traits de son caractère. Le passé se traduit seul par un désordre incroyable des affaires personnelles et une inconscience absolue de la valeur de l'argent, ce qui le laisse parfois sans le sou. L'homme qui, pendant des mois sait écouter patiemment des mensonges dévoilés à l'avance et les emmagasiner pour écraser le coupable à l'heure dite ; qui, averti qu'il y a un danger quelque part, y va voir sans prendre un revolver ni un soldat, et en revient quand un autre y eût laissé sa peau ; l'homme qui mêle savamment les fils d'une négociation chinoise, et tout à coup, de son propre chef, charge deux compagnies en armes de débrouiller l'écheveau ; l'homme qui, chargé de la négociation de la cession d'une place, est assez fort pour la prendre et assez malin pour se faire remercier ensuite par les vaincus d'avoir été vainqueur, est bien le soldat diplomate qu'il fallait au Laos, celui qu'il faudrait aux frontières de toutes nos colonies, pour qui aucun ordre n'est trop difficile, aucun but trop éloigné, et par suite aucune récompense trop grande.

*
* *

Pour apprécier la valeur de la mission Pavie, même lorsqu'on la connaît par le menu, il faut savoir que, depuis la colonne Pernod (janvier-mars 1888), qui nous avait donné les territoires aux confins du Laos, il s'était passé bien des choses dans les chaûs de l'ouest.

Les Méos n'avaient accepté qu'avec répugnance la domination du quanphong, de ses mandarins et de ses soldats, tous recrutés dans le Chieutân, et étrangers pour eux. Suivant leurs chefs héréditaires, ils abandonnaient leurs villages déjà amoindris par la conquête, se réfugiant dans les montagnes ou sur les frontières de Chine, emmenant la plupart du temps leurs bestiaux, et laissant les cultures à l'abandon. Ils refusaient d'obéir aux chefs inconnus qu'on venait de leur imposer. D'autre part, le quanphong rusé et menteur comme un Annamite, nous présentait comme ses instruments, et déclarait que nous étions dans le pays pour le soutenir et défendre ses actes. Il payait des indigènes et même des tirailleurs et des interprètes militaires pour nous faire de fausses interprétations, ce qui amena un quiproquo qui dura assez longtemps et menaça de tourner au tragique. Pendant ce temps, le quanphong profitait de notre erreur involontaire pour faire razzier par ses postes, faire piller les Méos qui étaient restés chez eux, emmener les femmes et les enfants au Chieutân, déposséder et emprisonner les représentants des plus vieilles familles. Les soldats occupaient le pays, cruels et rapaces, au nombre de trois cent cinquante à quatre cents ; ils en étaient les véritables pirates. Le quanphong recevait du Protectorat 400 piastres par mois pour les équiper, et leur donner le riz, le sel et l'opium. Mais le rusé mandarin jugeait préférable de mettre les 400 piastres dans sa poche et d'envoyer ses hommes dans leurs postes, sans provisions. Ceux-ci pressuraient les habitants, volaient le riz, tuaient les porcs et les bœufs à coups de fusil. Puis, quand ils avaient bien poussé à bout les propriétaires, ils les rossaient et les chassaient dans la montagne, prenaient leurs femmes qu'ils gardaient, et leurs enfants qu'ils envoyaient au quanphong; celui-ci les faisait vendre dans le Chieutân, et s'enrichissait de ce joli commerce. Après quoi il faisait proclamations sur proclamations, dans les quatorze dialectes du pays, disant que c'était par notre ordre, sous notre œil bienveillant et avec notre aide qu'il agissait ainsi. De son côté, il rançonnait les villages par l'entremise des nouveaux quanchaûs, ses créatures; il exigeait des piastres, du riz, des buffles, des femmes; il faisait emprisonner ceux qu'il suspectait d'indépendance, faisait marcher le feu, le roi et la cangue. Il était aussi épicier en gros; il tenait maison de commerce à Oudong, sur le Song-Bô, un peu en amont de Vanbu, il y vendait 2 dollars une boîte de lait, et 15 francs une bouteille d'absinthe; il gagnait ainsi trois cents pour cent, mais il perdait davantage en considération, non seulement auprès des Français, mais auprès des indigènes qui, forcés de lui obéir comme quanphong, aimaient, en dépréciant sa marchandise, à humilier son orgueil de débitant.

C'est ainsi qu'agissait l'homme devant lequel le premier commandant de la région n'osait s'asseoir, dont les délations ont été si fatales à plusieurs officiers français, et auquel le gouvernement n'a pas craint d'attacher sur la poitrine la rosette d'officier de la Légion d'honneur.

Toutes ces iniquités s'accomplissaient sous notre nom, sans que nous en ayons seulement connaissance et nous passions aux yeux des populations pour les protecteurs armés de ces pillards.

Les Méos, trompés comme nous par la duplicité du quanphong, se liguèrent sous le commandement du plus ancien d'entre eux, Camhôm appelé communément Deovantri ; c'était un personnage replet, podagre, timide et pacifique, peu fait pour le rôle d'un chef de révoltés, et qui n'avait d'autre avantage que l'héritage féodal du nom. L'un de ses frères, Deosam, se chargea pour lui de recruter des partisans ; il eut bientôt, en réunissant les fuyards des villages pillés, et en exploitant le mécontentement général, trois à quatre cents hommes et quatre-vingts pirogues réunies sur la rivière Noire, à six jours en amont de Lai, sur la frontière de Chine. De là, aidé par la configuration montagneuse du pays, ce ne fut pour lui qu'un jeu d'incursionner, de troubler nos postes, de tirer des coups de fusil sur nos reconnaissances, d'attaquer les linhs (soldats) du quanphong, de couper la tête à nos trams, de tenir les chemins de la région, et de se multiplier au point de rendre la campagne dangereuse, et de nous tenir enfermés dans nos postes, dont nous ne sortions plus qu'en nombre.

Le quanphong était complètement impuissant à réprimer son rival ; il lui fit d'abord des menaces, auxquelles l'autre répondit en lui battant ses linhs. Pour l'amadouer, il lui fit offrir sa sœur en mariage avec une dot de trois mille piastres, et lui expédia le tout. Camhôm garda l'argent et renvoya la fiancée.

Grave offense. Ce qui outra davantage le quanphong, c'est que Camhôm déclara que jamais il ne servirait sous les ordres d'un homme qui était le fermier de son père, et qu'il réclamait, en toute propriété, sous la suzeraineté française, les chaûs de Lai, de Tuangiao et de Dienbien.

Une autre complication apparut dans les mêmes temps. Deosam, pour maintenir ses positions, avait fait appel aux Siamois, et les luangs (princes) de l'Est, ayant trouvé l'occasion bonne de faire valoir leurs droits sur les Sibsong, avaient occupé Dienbien avec trois cents Siamois, commandés par un luang nommé par le roi de Siam. Ces troupes s'étaient même avancées jusqu'à Ngoi et prétendaient revendiquer les territoires contestés, au moins jusqu'au Song-Na. D'autre part, quelques-unes des congrégations chinoises, établies et reconnues dans le Maïsonchaû, poussées par les Hôs des Hopanh, s'étaient insurgées, et occupaient en armes — de bien mauvaises armes par bonheur, — les différents passages supérieurs du Song-Na, Muonglam, Muonghett, Muonghôm, etc.

Entre ces Chinois, ces Siamois, les Méos révoltés, le quanphong furieux, et le souvenir de Thuyet, toujours errant sur les frontières et invoqué par tous les révoltés de l'Annam, M. Pavie avait la délicate mission d'ouvrir la route de Luangprabang, qui relierait le Tonkin à la Cochinchine, et de faire respecter le drapeau français dans l'intégrité de l'empire d'Annam, fort difficile à délimiter de ces côtés. Quelles sont par là les bornes de l'empire ? L'empereur lui-même ne l'a jamais su. La vérité est que, jusqu'en 1828, l'Annam a nommé les mandarins des Hopanh et des Sibsong ; que depuis lors le Siam s'en est mêlé, et que dans le courant de la campagne de la France en Indo-Chine, les Hôs seuls ont régné et gouverné.

De concert avec l'autorité militaire, M. Pavie avait conclu à la seule nécessité de la création d'un poste, et peut-être plus tard d'une résidence, à Dienbien. Cela devait momentanément suffire ; on comptait sur l'avenir pour le reste, lorsque du ministère même des Affaires étrangères arrivèrent de nouvelles instructions. Le minimum des prétentions de la France devait être d'occuper tous les territoires compris sur la rive gauche du Mékong.

C'était, sur le papier, la liaison de la Cochinchine et du Cambodge avec le Tonkin occidental, la suprématie de la France affirmée, non seulement sur les Sibsong, mais aussi sur les Hopanh, le Tranninh, sur les régions des douanes intérieures, et sur les peuplades centrales indépendantes, Draos, Giarais, Moïs, Bahnars, Sédangs, toutes réputées guerrières, sanguinaires, et aussi jalouses de leur liberté que de leur misère.

La note ministérielle, en étendant jusqu'au pays des Khmers l'intervention de M. Pavie, limitée jusque là au Siam, lui rendait la besogne bien difficile, et il dut procéder par ordre, c'est-à-dire commencer par la soumission de Camhôm. Il avait pour cela un atout excellent en main; un frère de Camhôm, Camdoi, habitant du Maïsonchau, poursuivi, en souvenir de Camhôm, par la haine du quanphong, qui lui avait enlevé ses buffles et brûlé son village, n'avait trouvé grâce et protection qu'auprès de M. Pavie, lequel faisait son premier parcours de Luangprabang au Song-Bô, et se rendait à Hanoï par l'ouest des Hopanh et le Maïsonchau. M. Pavie conduisit Camdoi à Hanoï, le présenta au général en chef, le combla de prévenances et le ramena avec lui à Lai. Ce fut Camdoi qui détruisit l'imbroglio si savamment échafaudé par le quanphong, en allant trouver Camhôm, et en lui faisant part de nos bonnes intentions à son égard.

Berné tantôt par les Annamites, tantôt par les Chinois, Camhôm ne voulut se rendre à l'évidence qu'au bout de six semaines, après que ses gens eurent peu à peu réintégré leurs villages, et que le quanphong eut reçu l'ordre de licencier ses linhs et d'évacuer ses postes avancés, comme Bactan, Chinhnua, et d'autres encore.

*
* *

Quant à Deosam, ce fougueux personnage n'avait pas attendu si longtemps; huit jours après avoir vu Camdoi, il était à Lai chez M. Pavie. « Que voulez-vous, disait-il, que je fasse des trois chaùs que vous m'offrez ? Dites au quanphong de descendre avec deux cents soldats dans la vallée du Namlai; il m'y trouvera avec autant de mes partisans; nous nous battrons, et le vainqueur sera proclamé chef des seize chaûs ». Il n'y aurait eu aucun doute sur l'issue de la lutte; les Méos du bouillant Deosam eussent vite enfoncé les linhs du Chieutân, pirates, mais circonspects. M. Pavie ne jugea sans doute pas la manière de vider l'incident assez diplomatique.

Les négociations avec Camhôm durèrent d'autant plus longtemps que celui-ci était parvenu à inspirer certaines inquiétudes. Le capitaine qui commandait le Laichau, homme timoré et singulier d'habitudes, ne rêvait que tranchées, mines, contre-mines, et se voyait déjà assiégé à la méthode de Cormontaigne. Il écrivait des lettres désolées à l'autorité supérieure, pour obtenir l'autorisation d'élever autour de son poste des ouvrages isolés, commandant les différentes vallées avoisinantes ; on lui accordait ces permissions dont il ne pouvait profiter faute de bras. S'il avait pu, il aurait élevé autour de Lai les onze forts avancés de Cologne. Pendant ce temps, Camhôm s'occupait de gouverner le territoire nouveau qu'il détenait par droit du plus fort sur les frontières chinoises, tout en incursionnant de temps à autre. Mais il n'avait ni l'audace ni les forces nécessaires pour venir attaquer Lai ouvertement.

Le quanphong, impuissant à soumettre Camhôm et voulant entraîner les Français dans une grande démonstration militaire offensive, qui eût eu comme résultat l'affermissement de son autorité dans les chaûs de l'ouest, profita de la disposition d'esprit de cet officier pour lui jouer un tour de sa façon. Il l'entourait d'ailleurs de longue date de ses objurgations ; le quanchau du Laichau était son frère ; le lithuong de Lai était son neveu ; tous ces gens s'entendaient comme larrons en foire. Le quanphong fit croire au capitaine que Camhôm viendrait attaquer Lai le 16 du mois d'octobre annamite (1888) ; le capitaine y crut et fit veiller tout le monde. En effet, toute la nuit, des coups de fusil retentirent dans les gorges, sans du reste blesser personne. Le capitaine se croyait cerné, assiégé, perdu. Le quanphong, son frère, son neveu, pendant que la garnison tirait en l'air, riaient à en mourir. Car c'étaient les linhs du quanphong qui, par ordre de ce dernier, tiraient sur Lai. Le lendemain, le capitaine écrivit à Hanoï pour demander la médaille de guerre et pour réclamer une colonne expéditionnaire contre Camhôm. Le but du quanphong était atteint; nous allions rétablir son autorité dans les chaus de l'ouest, sans aucun profit pour nous. Malheureusement pour lui, la santé du capitaine commandant le Laichau ne tint pas contre tant d'émotions. Il prit la dysenterie, et se fit évacuer non sans déclarer que, dans sa descente de la rivière Noire, il avait été attaqué par deux cents Chinois armés de fusils à tir rapide, et bien fortifiés dans un grand poste. J'ai passé trois jours après au même endroit avec le commandant de la région, et nous n'avons vu ni fortifications, ni fusils, ni Chinois.

Le successeur de ce dramatique officier n'avait pas grande estime pour le quanphong.

Le commandant supérieur qui arriva quelques jours après découvrit l'affaire ; assailli d'ailleurs de plaintes contre les exactions du quanphong, il résolut de trancher dans le vif, c'est-à-dire de limiter l'autorité de ce dernier à son pays natal, au Chientàn et aux chaûs de l'est. Camhôm, à qui furent offerts les chaûs de Lai, de Tuan, de Luan et de Dienbien, avec la promesse du chaû de Sonla pour Camdôi, et dans l'avenir du chaû de Moctien, commença par ne rien croire ; puis envoya en ambassade un lieutenant de sa bande, puis un capitaine, puis son frère Deosam. Le retrait des linhs du quanphong et la réoccupation de ses anciens villages lui fut de suite accordée.

Le quanphong outré écrivait directement au général en chef, lançait des proclamations, ce qui faisait autant de coups d'épée dans l'eau. Finalement, sentant le terrain lui manquer, il ploya ses étendards, et s'en alla, désertant la lutte. Deosam entra à Lai, acceptant ce qu'on lui offrait en attendant mieux, disait-il, et tout rentra dans l'ordre. Ce qui n'empêcha pas nos trams de continuer pendant quelque temps à être accompagnés officiellement de quelques bons fusils pour traverser les montagnes.

Quant à Camhôm, son obésité sans doute l'empêcha de se déranger ; il envoya ses pirogues, des hommes, bien armés, dont la vue seule maintint en respect les partisans du quanphóng, et, pacifique, comme toujours, abandonna à son frère le soin de régir les chaûs qui lui tombaient du ciel, et d'y installer des postes méos pour la protection des rares passants et des encore plus rares rizières.

L'histoire du poste de Lai se résume dès lors en deux mots, il fut coupé en deux pour faire plaisir à Deosam ; cette amputation fut l'œuvre d'un capitaine qui avait une taille de géant, seize ans de colonies, et une maladie de foie qui lui avait mis de la bile dans le caractère. Nous avions trouvé Lai incendié et l'avions relevé de ses ruines ; il était passablement habitable d'un côté, désert et montueux de l'autre ; le capitaine donna les cainhas aux nhaqués, et laissa la brousse à la garnison. Celle-ci, qui avait déjà peiné pour rétablir les logements des indigènes, dut se construire de nouveaux casernements, et, pour ce, niveler le terrain capricant qui lui était échu. Les terrassements, déblais et constructions produisirent des fièvres qui accablèrent les Européens et enlevèrent quelques Annamites. Mais le quanchaû et ses Chinois ne mirent pas leurs fines mains à la pâte, et nous regardèrent travailler en fumant l'opium. La dignité orientale fut ainsi sauvée. Ce capitaine réalisait en son genre le type célèbre qu'on appelle *l'ami des nègres*. D'autre part, il interdisait à la garnison de se fournir, fût-ce de patates, chez les naturels, de peur qu'on ne vînt à les molester. Cette défense, à notre grand déplaisir, fut scrupuleusement observée ; les résidents purent reconnaître que l'individu était protégé, mais les économistes eussent déclaré que le commerce ne l'était guère, de sorte qu'à Lai, comme dans le reste de l'univers, personne ne put arriver à contenter tout le monde.

*
* *

Le général en chef, fort éloigné du théâtre de ces événements, ne parut pas en avoir saisi toute l'importance. Lorsque M. Pavie vint le voir à Hanoï, il n'avait aucun conseil à lui donner; il était parfaitement étranger à la question, attendu qu'il avait tout juste remonté la rivière Noire jusqu'à Chobo, et que le Tonkin où l'on peine et où l'on meurt était pour lui lettre morte. Il assura M. Pavie qu'il était de cœur avec lui, ce qui était certainement plus commode que d'y être de sa personne, et qu'il n'entraverait en rien les opérations de sa mission. Au demeurant, il se désintéressait tellement bien d'une question qui est aujourd'hui pour le Tonkin une question vitale, que nul indigène n'a jamais entendu parler de lui ni d'un autre, et n'a pas même idée qu'il puisse exister à Hanoï un chef suprême qu'il n'a jamais vu. Pour eux, M. Pavie est le seigneur souverain, l'ong-quan-lon.

Le général en chef avait, paraît-il, reçu des instructions de Paris, en conformité avec celles qui avaient été données à M. Pavie, de façon à ce que l'action conjointe de nos représentants diplomatiques et militaires tendit à un même but. C'est ainsi que l'avait compris le commandant de la région, qui avait laissé là son bien-être et son bon bureau de Sonla pour courir en pirogues, à pied, à cheval, les rivières impossibles et les chemins insensés des chaûs de l'ouest, et pour affermir, attirer et rassurer tous les lithuongs, anciens seigneurs et habitants d'un pays si longtemps troublé. Il estimait que sa présence était tout à fait nécessaire pour le changement complet de fonctionnaires qu'allait nécessiter le remplacement de l'autorité du quanphong par celle de Camhôm; il comprenait que, devant l'audace des Siamois, ce n'était pas trop de lui pour affirmer notre prise de possession dans le pays que le colonel Pernod avait eu le bonheur de prendre et la folie d'abandonner; il connaissait enfin le prestige de l'uniforme sur les peuplades sauvages. D'autre part, M. Pavie, conseillé par le ministère des Affaires étrangères, qui montra dans ces circonstances une ardeur singulière à aller de l'avant, poussait le commandant dans cette voie.

Dans son cabinet, à la concession de Hanoï, le général en chef ne comprenait rien à ces allées et venues, qu'il prenait pour de la villégiature intempestive. D'autre part, les petites affaires intérieures de la région souffraient quelque peu de l'absence du chef. Il est probable que l'intérim du commandement, très difficile d'ailleurs à cause du manque d'argent, ne fut pas rempli avec beaucoup d'enthousiasme. Le quanchau de Sonla, homme à la dévotion du quanphong, à qui l'on devait des buffles et qu'on ne payait pas, se plaignait. Les coolies, à qui l'on devait des transports et qu'on ne payait pas non plus, abandonnaient leurs charges et s'en retournaient chez eux. Ce n'était la faute ni du commandant ni de son intérimaire ; c'était la faute du commandement qui ne prévoyait pas les dépenses de la région. Les choses allaient donc médiocrement, et, un beau matin, le général en chef prit sa bonne plume pour rappeler le commandant de région à Sonla, sous prétexte que les bureaux centralisateurs de Hanoï recevaient de la région des situations en désordre et des bordereaux incomplets. L'amour de la paperasse dont le siège est dans nos nombreux ministères, est similaire de la force d'attraction dans notre système planétaire; il se fait encore sentir à 20,000 kilomètres du centre.

Ce jour-là même, M. Pavie recevait de M. Goblet la fameuse lettre qui reculait au Mékong la limite de nos possessions, et qui promettait, *après entente avec le général en chef*, l'appui et la présence, aux confins extrêmes, de l'autorité militaire supérieure. C'est ainsi que les pouvoirs s'entendent dans la meilleure des colonies. Tout bien considéré, le commandant prit le parti le plus favorable aux intérêts français, il obéit à M. Goblet, et demeura à la mission, en avertissant le général en chef que, vu la gravité des circonstances, il ne reviendrait à Sonla que sur un ordre formel. Cet ordre ne vint jamais, pas même une réponse à cette lettre, le général en chef étant fatigué de s'occuper d'une région aussi lointaine, qui mettait si peu d'ordre dans ses papiers.

*
* *

D'ailleurs, il donna peu de temps après (20 décembre 1888) une preuve de son peu de connaissances dans ces affaires capitales. La route, préconisée et tracée avec tant de peine par M. Pavie pour joindre nos possessions occidentales tonkinoises avec le Laos et les territoires entre Siam, Annam et Cambodge, remontait la rivière Noire depuis Chobo jusqu'à Vanchan, point où elle quittait la vallée pour gravir l'escarpement nord du soulèvement calcaire entre la rivière Noire et le Song-Na. Elle suivait alors tout naturellement le plateau étroit et fécond où se trouvent Sonla, Tuangiao, Muongang, etc. Les pentes de ce plateau s'adoucissaient précisément dans la bonne direction et conduisaient à la plaine qui est au nord de Dienbien. La route de Vanchan à Tuangiao existait déjà ; celle de Tuangiao à Dienbien rencontrait peu de difficultés de terrain. Les postes de Sonla et de Tuangiao, déjà existant de toutes pièces, faisaient autant de points de ravitaillement, de repos et de protection sur la route nouvelle.

Suivant le bon sens et la pente naturelle

des choses, le commandant avait fait installer un magasin de ravitaillement à Banvanh entre Tuangiao, et Muongang, et avait acheté au quanphong une collection de petits chevaux et mulets, qui, attachés désormais au poste de Tuangiao, devaient fournir les relais et établir une communication permanente avec Dienbien. A part quelques coups de coupe-coupe dans la brousse du plateau tout était donc fait et bien fait. Il ne restait que la signature suprême à apposer. C'eût été, d'ailleurs, la seule démonstration par laquelle le général en chef n'eût pas dépassé sa compétence en la matière. Sa résidence continuelle à Hanoï, ses promenades écourtées, lui permettaient d'avoir du Delta seul une certaine expérience, mais lui interdisaient complètement de se mêler, autrement que par une approbation aveugle, aux affaires de régions aussi lointaines. Il voulut malheureusement faire acte d'autorité et d'initiative personnelle.

Une décision du quartier général, arrivée à Dienbien au commencement de décembre, invoquait l'insalubrité du pays pour supprimer quelques-uns des postes de la région et ne laisser que le strict nécessaire. C'était une mesure parfaite. A part le chef-lieu de la région, les points de ravitaillement, et les postes de la route du Laos, il n'y avait aucune raison de conserver des postes détachés, tels que Vanyen et Lai, trop faibles pour protéger le pays, trop éloignés pour se porter secours, trop en l'air pour ne pas être enlevés à la première attaque sérieuse d'un ennemi régulier. C'étaient aussi les postes les plus malsains. On s'attendait à les voir supprimer. Ce fut précisément ceux-là que le général en chef conserva.

D'un même coup de plume, sans appel, il supprima Vanbu, poste d'une utilité contestable depuis la suppression de la première route de ravitaillement (Songkoï, Baoha, Thanhuyen, Vanbu et Quinhaï), mais très bien situé, et pouvant être considéré comme le sanatorium de la région ; il supprima Pahoun, poste de ravitaillement de Tuangiao et de Dienbien, le seul poste de repos qu'il y eût dans la montée ardue du Song-Bô, de Vanchan à Lai, et dont, deux mois auparavant, il avait jugé la construction nécessaire; enfin, il supprima Tuangiao et Bavbanh, de telle sorte que la route du Laos était déserte entre Sonla et Dienbien, et abandonnée aux maraudeurs qui viennent si souvent du Maisonchau.

Cette décision supprimait de fait la route que M. Pavie avait trouvée à grand'peine, préconisée depuis si longtemps, et parcourue plusieurs fois au péril de sa vie. Elle exposait la garnison de Dienbien à mourir de faim.

La seule route désormais possible, tant pour ravitailler Dienbien que pour communiquer avec le Laos, et pour, on ne sait ce que réserve l'avenir, envoyer des troupes dans le sud des pays contestés, monterait désormais la rivière Noire jusqu'à Lai, au risque de noyer les hommes et les vivres, de voir les communications interrompues pendant quatre mois de grandes eaux. En tout cas, cette route nécessiterait, pour aller à Lai seulement, plus de temps que l'autre pour atteindre Dienbien. Si la rivière Noire était à une époque de l'année inutilisable, on descendrait les vivres à Vanchan, on grimperait le plateau de partage pour aller à Sonla, on traverserait l'espace désormais sans défense du Sonlachau et du Luan-chau, et on redescendrait le plateau de partage du même côté qu'on l'avait monté pour arriver à Lai. Là les vivres feraient cette station homérique pour laquelle la route de Baoha fut en partie supprimée; et quand, dans ce pays déserté de ses habitants, on aurait trouvé les bras nécessaires aux transports, on grimperait une troisième fois le plateau de partage pour se rendre à Dienbien par l'ancienne route de la colonne Pernod. Sans parler des inconvénients multiples de cette route nouvelle, elle allongerait d'au moins quinze jours le temps nécessaire au parcours primitif Sonla-Tuan-Dienbien ; elle nécessiterait, de plus, l'établissement de toutes pièces d'un nouveau poste dans le Luanchau, et la réfection de la route de Lai-Dienbien, aujourd'hui disparue.

Le premier essai de ravitaillement de Dienbien par Lai donna un résultat singulier. Comme moyens de transport, la région put juste fournir sept chevaux, mais pas un homme. Ces sept chevaux étaient si malingres qu'ils ne pouvaient transporter que 250 kilogrammes à chaque convoi, et devaient se reposer huit jours après chaque voyage. L'aller et le retour de Lai à Dienbien demandant un minimum de quinze jours, on ne faisait guère qu'un convoi par mois. Dienbien devant être approvisionné pour huit mois d'avance à cause de l'isolement et de la saison pluvieuse, il lui fallait 4,000 kilogrammes en magasin. Il eût donc fallu dix-huit mois pour approvisionner ce poste, en admettant que pendant dix-huit mois les rationnaires ne consommassent rien. En conséquence, il fallut d'urgence rétablir le ravitaillement de Dienbien par le plateau de Tuangiao, où l'on trouve assez facilement des coolies. On installa donc un nouveau poste de débarquement à Pahoun (15 janvier 1889) lequel en trois mois se trouva successivement construit, détruit et reconstruit.

*
* *

Pendant les cinq semaines que la mission Pavie passa à Lai, arrêtée par les indécisions de Camhôm, le général siamois qui, sur l'ordre scellé du sceau de son souverain, occupait Dienbien, apprit l'approche de M. Pavie et nos velléités d'occupation des Sibsongchuthaï; il avait même dépassé ses intructions en occupant Tchinchang, point de jonction des routes Laï-Dienbien, et Dienbien-Tuan. Il ne laissait pas que d'être assez inquiet, sachant que Camhôm cessait toutes hostilités, et que le pays était tranquille de ce côté. Il envoya donc à M. Pavie un officier de sa troupe pour prendre langue et tâter le terrain. Avec lui, arrivait de Luangprabang un officier français, qui mit M. Pavie au courant des actes et des prétentions siamoises, ce qui l'aida singulièrement dans ses négociations.

Avec le plus grand flegme, M. Pavie chargea le Siamois de remercier son général d'être venu au-devant de la mission depuis Luangprabang jusqu'à Dienbien. Ce conquérant, pris volontairement pour un garde d'honneur, fit la plus singulière des figures. Il essaya bien de revenir sur les droits imprescriptibles de Siam; mais M. Pavie fit la sourde oreille jusqu'à ce qu'il vînt à déclarer que son souverain avait fait occuper Dienbien parce que les Français l'avaient abandonné, et de peur que les Hôs, qui désolaient les Hopanh, ne vinssent jusquelà commettre leurs déprédations, le roi ne voulant pas voir ces pirates sur ses frontières. M. Pavie loua l'intention et déclara l'occupation désormais superflue, puisqu'il allait partir pour Dienbien avec le commandant de la région. L'officier ambassadeur repartit avec beaucoup de bonnes paroles, et son rapport dut laisser son général aussi indécis qu'auparavant. Il se passa quelque temps en pourparlers et en politesses qui n'avancèrent en rien les affaires. Fatigué de ces tergiversations, sûr désormais de Camhôm et de la ligne du Song-Na observée par les troupes de Sonla, le commandant se chargea de mettre un terme aux hésitations siamoises, et partit un beau matin pour Dienbien avec une compagnie et demie de tirailleurs. L'ordre était d'agir pacifiquement, mais ce déploiement de forces fit beaucoup plus pour la cause française que n'eussent fait les bordereaux remplis et les situations bien tracées, réclamés désespérément par le général en chef.

* *
 *

En effet M. Pavie n'eut pas plutôt appris que le commandant avait, depuis Luan, pris la route de Dienbien avec cet appareil guerrier, que, tout peu guéri qu'il fût, il leva précipitamment son camp de Lai, et prit l'ancienne route de Muongtuong et Muongpûn, pour rencontrer le commandant à la jonction des routes se rendant à Dienbien depuis le Laichau, au milieu d'un plateau légèrement incliné au sud-ouest, plein de petites brousses drues, assez semblables aux paysages du Sonlachau. Quarante huit-heures après, il ne restait personne de la mission à Lai; un tram à trois plumes prévint la partie scientifique de la mission, qui cheminait paisiblement dans le Mueychau, et toutes les pirogues de la rivière Noire redescendirent pour chercher des vivres et vider le magasin de Vanbu. En l'absence de Camhôm, Deosam, Camdoi, Camhouy, récemment promu quanchau du Laichau, la garde d'honneur de Camhôm, formèrent à M. Pavie un imposant cortège.

Tout le monde se rencontra à l'heure dite; un jour après la jonction, la mission campait aux portes de Dienbien. C'était autrefois, paraît-il, un poste redoutable; aujourd'hui, c'est une citadelle quatre fois plus grande que Sonla, mais sans meilleurs moyens de défense; autour des fossés s'abrite un village de 200 habitants. Le général siamois qui l'occupait avait réfléchi, ou reçu des instructions; il vint visiter M. Pavie et le commandant. Le lendemain, sans coup férir, bannière multicolores au vent, nous faisions une entrée solennelle dans Dienbien. Trois jours après, les Siamois abandonnèrent la citadelle, qui fut confiée à une compagnie de tirailleurs tonkinois. Le général resta seul avec une garde.

On ne pouvait être plus aimable: d'ailleurs en dépit de leurs ambitions déçues, les généraux et luangs de Siam se sont toujours montrés fort obligeants, non seulement pour nos agents consulaires, mais aussi pour nos officiers, qui venaient visiter le pays et en faire le relevé topographique. On leur avait promis chez nous le meilleur accueil, ce qui amena plus tard une singulière méprise.

Le gouvernement de Siam nous envoya sir Collyns, officier anglais, attaché à la cour de Bangkok, pour topographier chez nous. Aussitôt que l'on apprit son approche, on fit connaître à Bangkok que l'on verrait volontiers au Tonkin des officiers de Siam ou d'un autre pays de l'Indo-Chine, mais pas du tout des Européens non Français, des Anglais surtout, dont nous avons le droit de nous défier en Asie, tout particulièrement dans le Siam et dans la Birmanie. Malheureusement les courriers mettent un bon mois de Dienbien à Bangkok, et autant pour en revenir, de sorte que l'Anglais ne fut pas prévenu, et se présenta bravement à Dienbien. On fut forcé de lui interdire assez cavalièrement l'entrée du Tonkin, il ne se rebuta pas, grimpa en Chine, et redescendit sur Muongcha, où il reçut le même accueil. Il s'en retourna désolé à Bangkok, d'où un officier siamois partit instantanément pour Muongmun, afin de le remplacer dans son rôle topographique. Cet officier fut fort bien reçu : on l'accompagna partout ; on ne le laissa pas seul un instant, et actuellement il se promène encore dans le haut Tonkin, suivi d'une escorte qui le gêne bien plus qu'elle ne le protège. En outre, certains points lui sont interdits, et il est obligé d'en passer par où veulent les chefs de poste. Cette promenade dans de telles conditions déconsidère aux yeux des habitants ces prétendants actuels à la suzeraineté du pays.

Ces relations topographiques amicales n'ont plus grande utilité pour nous ; nous n'avons plus grand'chose d'important à apprendre sur l'orographie ou l'hydrographie des rives du Mékong, et nous savons fort bien que Luangprabang sera un jour le chef-lieu de nos possessions laotiennes. Le Siamois venant chez nous, parle aux habitants, ce que nous ne savons pas faire, et laisse croire par sa présence seule qu'il conserve malgré nous un semblant d'autorité. Il relève notre sol pour faire évidemment cadeau de son croquis aux Anglais que nous empêchons d'entrer; mais tout en reconnaissant que les Siamois sont meilleurs topographes que les Annamites, nous savons aussi qu'une carte relevée par eux n'est pas un document sérieux. Ils ont le sentiment de l'orientation, mais pas celui des distances, et l'échelle est une notion dont ils n'ont pas conscience. Plus une montagne est haute, un village important, une rivière difficile, plus ces objets occupent de place sur le croquis, et, dans un itinéraire, 200 mètres d'un arroyo à l'eau bienfaisante tiendront autant de place que des kilomètres de brousse inutile. Dans ces conditions, il n'est pas très dangereux de recevoir chez nous ces observateurs; puisqu'i. faut absolument héberger quelqu'un, il vaut mieux que ce soient ceux-là, et que les Anglais topographient en Chine.

Rester plus longtemps à Dienbien devenait inutile. Le commandant reprit à grandes journées le chemin de Lai, dont la garnison venait d'être relevée, les différents quanchaus rentrèrent chez-eux. Deosam vint à Lai établir l'emplacement de sa demeure et de son village. La confiance renaissait si bien que deux cent cinquante Méos avaient, au bout de ce peu de temps, demandé à reconstruire l'ancien Lai. On leur céda la moitié nord du poste militaire.

M. Pavie ne quitta Dienbien qu'avec le général siamois et sa garde. Il devait amener le lieutenant Desperles avec lui jusqu'à Luangprabang, puis l'envoyer à travers la chaîne intérieure d'Annam jusqu'à Vinh, où la mission eût fait sensation avec les éléphants du Siam. Quant à M. Pavie, son rôle se trouvait déterminé ainsi : il devait, une fois la direction du consulat remise à un intérimaire, faire la descente du Mékong à travers le Siam, les Sédangs, les Moïs, le Cambodge et la Cochinchine.

Une divergence d'humeur et de caractère fit que le lieutenant Desperles se vit retirer cette partie de sa mission, il dut quitter Dienbien le 21 décembre, et rejoindre par Tuangiao et Vanchan son poste de Vanyen.

Il n'était pas possible de le remplacer, car il n'y avait plus d'officiers dans la région. Les membres de la mission allèrent donc tous à Luangprabang, et firent la traversée de Luangprabang à Vinh.

Une désagréable surprise attendait le commandant à Lai. Le quanphong, voyant pâlir son étoile, avait quitté Lai furieux, et n'avait plus dès lors donné signe de vie. On le supposait à Luongqui dans ses fermes, ou à Oudong dans son épicerie. Il était dans le Chieutân, ce pays que nous n'avons jamais pu soumettre complètement, et dont la capitale, Thanhoadao, renferme des provisions et des richesses considérables. Or subitement, à la fin de décembre, deux cents Chinois du Chieutân tombèrent sur la rivière Noire par le col de Moctien, et, solidement installés à la hauteur de Thaccua, interdirent le passage à nos pirogues et à nos trams. Ces derniers étaient dès lors obligés de venir, depuis le Phuyenchau, par les montagnes des chaûs de Maïson ou de Quinhnai, ce qui ralentissait les communications d'une dizaine de jours. Si les nhaqués du Chieutân ont intérêt à nous inquiéter vers Baoha ou Bakhé, la rivière Noire leur est tout à fait indifférente. Le lieu et l'époque de cette attaque étaient si invraisemblables, que l'on n'eut pas de peine à y reconnaître le résultat d'une vengeance personnelle et la main du quanphong. Le commandant fit concentrer une partie de ses Européens à Vanchan, où il se rendit lui-même, pour procéder au rapide nettoyage de la rivière et au rétablissement très urgent des communications. La vue seule des Européens fit disparaître sans combat les pirates, et le quanphong fut appelé à Sonla, pour rendre compte de sa conduite. On ne voulut pas le punir dès l'abord comme il le méritait, car il pouvait rendre encore quelques services, son influence étant considérable dans la basse rivière Noire; mais on le condamna à 5,000 piastres d'amende, et on lui enleva son titre de chef des seize chaûs, qui fut aboli, et qui n'avait plus d'ailleurs aucune raison d'être depuis la réintégration de la famille de Camhôm. La carrière politique du quanphong se trouva ainsi terminée, et les ennuis que nous causait sa prépondérance prirent fin. Actuellement privé d'influence, mais dévoré d'envie, il promène dans les pays qui lui sont restés fidèles un âpre désir de vengeance, caché sous l'obséquiosité d'un bon serviteur. Mais ses allées et venues sont étroitement surveillées, et l'ancien souverain des seize chaûs est réduit au rôle d'un fonctionnaire sans influence et sans entourage (1).

**

La pacification des Méos se termina par leur embrigadement. Il ne pouvait entrer dans l'idée de personne que les Européens ou même les Annamites vinssent succéder aux linhs du quanphong dans les postes d'où on les avait chassés. Il appartenait aux Méos eux-mêmes de garder leur pays sous notre autorité. De plus, si la plupart d'entre eux se remettaient à leurs rizières, quelques-uns avaient trouvé de leur goût la vie militaire

---

1. C'est à cette même époque que le prétendant Ham-Nghi se fit prendre en compagnie de deux fils de Thuyet, dans la région de Caobang.

et aventureuse, et déclaraient vouloir garder le fusil en main. Il fallait les avoir pour nous, à moins de se résigner à les avoir contre nous. On enrégimenta donc ces petits Don Quichotte, on les habilla tant bien que mal, et on leur donna tout d'abord des bâtons pour manœuvrer. Ils eurent des sous-officiers européens, dont ils ne parvenaient pas à se faire comprendre, et qui ne les comprenaient pas davantage. Plus tard ce corps rendra de signalés services, d'abord en évitant aux Européens le séjour dans des contrées malsaines, puis en mettant à profit les qualités naturelles des Méos, très développées du côté guerrier.

C'est à la même époque que les Chinois et les Hôs du Maïsonchau cessèrent leurs petites incursions. Le commandant de la région avait accordé droit de cité à toute famille chinoise dont le chef viendrait à Sonla faire sa soumission. C'était le système Floquet sur les étrangers, adopté jusqu'au bout du monde. Il ne réussit guère ; les rusés Chinois venaient à Sonla ; on couchait leurs noms sur un grand registre; on leur donnait un numéro d'ordre, un permis de séjour, et l'autorisation de voiturer leurs familles et leurs denrées commerciales dans toute la région. Ils s'installaient alors dans un village, autour de leur chef de congrégation, et s'y livraient, israélites de l'Extrême-Orient, à leur petit commerce. Mais pendant que le père cultivait, le fils faisait le pirate, et la famille profitait ainsi du gain de l'inscription et du gain de la loi naturelle. Ces jeunes pirates prirent une fois les armes contre nous; il leur en cuisit : non seulement on les battit, mais encore on traita avec eux.

Cela n'alla pas aussi vite qu'avec les Méos. Les congrégations chinoises du Maïsonchau étaient beaucoup plus nombreuses que ne l'indiquaient les registres de déclaration de Sonla. De plus, elles étaient vigoureusement excitées par leurs voisins, les Hôs, Chinois comme elles, et maîtres incontestés de quelques cantons des Hopanh, où ils faisaient régner en grand le pillage et l'anarchie. Trois cents Chinois se réunirent entre le Song-Na et le Namlai, sous le commandement d'un certain Huyen Khao; il fallut de nouveau se remettre en campagne. Huyen Khao était souverain à Tuphan, le dernier muong que nous réclamions sur la Chine, et dont le droit d'annexion au Tonkin ne paraît pas chose prouvée. Tuphan est situé sur le Song-Bô, au-dessus de Muongchau, ce qui fait que Huyen Khao était voisin de Camhôm. En se soumettant, Camhôm ne s'était nullement engagé à combattre son ami; nous en étions réduits à faire une colonne. Elle fut du reste fort mince, se composa d'une compagnie de tirailleurs, et dura une douzaine de jours. Son résultat fut que les Chinois déposèrent les armes, et que Tuphan, qui payait à la fois tribut à la Chine, aux Hôs (trois barres d'argent), et au quanbô de Hunghoa (cinq barres), fut relevé des deux premiers impôts. Ce fut à la parole habile du commandant de la région, plutôt qu'à la voix de la poudre, que fut due cette petite pacification. Trois cents Chinois remontèrent le Song-Na et s'en retournèrent en Chine.

*
* *

Il ne pouvait en être des Hôs comme des autres peuples des régions hautes. En général tous les Chinois des Hopanh et du haut Laos n'étaient pas des habitants, mais des conquérants de la terre, et notre autorité, rivale de leur fantaisiste domination, ne pouvait leur être imposée par aucun subterfuge, ni par l'appât d'aucune compensation, qui les eût faits néanmoins esclaves, alors qu'ils étaient et prétendaient rester maîtres.

La force ne pouvait être utilisée contre eux; ils étaient trop nombreux, trop braves, trop bien armés. Tant qu'il ne s'agissait que d'intérêts particuliers, chaque congrégation était abandonnée à elle-même, et ses seules ressources ne pouvaient lui suffire contre nous, ainsi que le démontra la petite colonne de Maïson et de Muonglam. Mais dès qu'il s'agissait d'une chose capitale comme de la domination ou de l'existence, le peuple Hôs se levait entier, et nous n'étions pas de force à lui imposer nos volontés. Dans les Sibsong, les Hopanh et quelques chaûs, dix à douze mille Hôs parsemés auraient pu se dresser au premier signal, et, sautant sur leurs fusils siamois et birmans, eussent pu rendre notre situation périlleuse.

Comme on avait usé de l'amour du pays pour ramener les Méos, on usa du souvenir de la terre natale pour se débarrasser des Hôs. Il n'y avait pas si longtemps, — douze ans au plus, — qu'ils avaient quitté la Chine, pour que les vieillards et même bien des jeunes hommes en eussent perdu l'amour et la mémoire.

Le commandant leur offrit de les reconduire au Yunnan, chez eux, sous escorte, en payant leurs coolies de charge, en leur ménageant sur la route les vivres, les serviteurs, les égards et l'argent, la vie sauve pour tous, et le libre départ de leurs bestiaux et de leurs fortunes. Ce déménagement gratis pour retourner aux rives du Jourdain, parut à la plupart un bonheur inespéré, et c'est avec enthousiasme que la proposition fut acceptée par les chefs de congrégations.

Afin de ne pas réunir un trop grand nombre de ces dangereux émigrants, le commandant se réserva de donner le signal des départs. Il le fit au fur et à mesure pour chaque congrégation, qui partit isolément, chacune par une route différente, emportant avec elle, comme Bias, toute sa fortune. Le commandant les accompagna lui-même les unes après les autres; il ne procédait au départ de chaque unité qu'après que la précédente avait effectué sa rentrée en Chine. C'est ainsi que Dienbien, Muongpùn, Muongtuong, Lai, Phungthô, et même Laokai, virent passer par milliers hommes, femmes, enfants, charges, bêtes, tout un peuple s'en retournant chez lui, et nous cédant, sans coup férir, un immense territoire. Cet exode formidable dura quatre mois. Les quelques chefs auxquels le projet de retour n'avait pas souri, étant abandonnés à eux-mêmes, furent bien obligés de s'en aller, et, au mois de mars 1889, il ne restait plus dans ces régions, désormais soumises à nous seuls, un de ces barbares sous lesquels avaient si longtemps tremblé, gémi et souffert des populations amies.

*
* *

Un si splendide résultat, amené en si peu de temps par des résolutions à la fois si sages et si énergiques, eût dû sans doute provoquer une confiance absolue dans les moyens employés, et dans l'aptitude de celui qui s'en servait si heureusement. Il n'en fut pas ainsi : à peine le pays fut-il pacifié et complètement débarrassé de ces maîtres parasites, que le roi d'Annam, qui n'avait ni bougé ni donné un secours ou un conseil pendant tout le temps de la conquête, se souvint tout à coup qu'un de ses aïeux avait possédé ce pays, depuis lors autonome et si soucieux de sa liberté que nous ne l'avions soumis qu'en la lui rendant. Il réclama vivement auprès du gouverneur général sa suzeraineté immédiate sur toutes ces régions, c'est-à-dire le droit d'y envoyer des mandarins annamites, d'y percevoir l'impôt, et d'y commander, ainsi qu'en Annam, en dehors des chefs militaires. Mal convaincues par les tentatives avortées du colonel Pernod et du quanphong, les autorités civiles s'empressèrent de déférer à son désir et d'en faire part au général en chef. Celui-ci rencontra chez le commandant de la région la plus vive résistance. Il était dur en effet d'avoir tant travaillé et si bien réussi, pour voir, en guise de récompense, le fruit du labeur passer en des mains malveillantes et inhabiles. Pas un de ceux qui ont mis le pied dans les chaûs ne doute que l'installation des mandarins, chargés de percevoir comme d'habitude l'impôt à coups de rotin, ne soulève une révolte beaucoup plus forte que la première, que cependant le quanphong fut impuissant à réduire, et dont nous eûmes tant de peine à venir à bout. Nul ne doute qu'avec des gens aussi jaloux de la parole donnée que les Méos, ce déni fait à la nôtre au bout d'un an à peine ne nous fasse de tous les peuples des régions hautes des ennemis désormais irréconciliables. Mais le sort des chaûs est entre les mains de ceux qui n'en connaissent pas les mœurs; peut-être donc verrons-nous, d'un trait de plume, tant d'ouvrage détruit, tant de peines perdues, tant de morts rendues inutiles. Jusqu'au bout le commandant persista dans son refus patriotique et éclairé, et, poussé dans ses derniers retranchements, descendit lui-même à Hanoï défendre la cause des peuples qu'il nous avait rendus ; il eut — pour une fois — gain de cause. Il demanda à ne pas se parjurer lui-même, et déclara, si la criminelle sottise devait se faire plus tard, vouloir abandonner ses droits diplomatiques, et laisser la responsabilité des mesures nouvelles à un résident civil. Or, depuis le 1er janvier 1890, la résidence de Sonla est aux mains d'un administrateur civil, et cette date est trop rapprochée encore pour pouvoir connaître et apprécier les événements qu'aura déterminés cette nouvelle direction.

*
* *

Le but de la dernière mission Pavie n'est pas complètement atteint encore ; on ne peut y voir ici que l'établissement, définitif désormais, de nos relations avec le Siam et le Laos par une route bien suivie et bien gardée. On peut regretter que cette route ne soit pas toujours sûre, et aussi que le poste de Dienbien ne puisse, dans l'avenir, se ravitailler qu'à Lai, centre de ravitaillement où l'on a jeûné souvent, et craint quelquefois de mourir de faim. Mais à part quelques imperfections réparables, le fait se trouve accompli et le pas franchi.

Le complément voulu, nécessaire et inévitable est l'occupation par nos postes, et l'utilisation par notre commerce de la presqu'île indo-chinoise à l'est du Siam véritable et non pas du Siam exagéré que l'on nous présente aujourd'hui. C'est l'acquisition définitive de ces territoires étendus, desservis par ces immenses artères dont Francis Garnier parla le premier, et qu'il parcourut en grande partie, que les patients travaux de Pavie ont reliés à nos possessions actuelles par une trame serrée, que la diplomatie de nos chefs militaires nous acquiert de jour en jour, malgré la présence d'adversaires nombreux. Pour ces peuplades qui bordent le Mékong, pour ces pays presque fabuleux, qui sont, paraît-il, vraiment riches, vraiment guerriers, et vraiment sympathiques, nul mieux que M. Pavie ne saurait dire ce que M. Pavie seul aura pu y voir et y entendre, afin de préparer à notre assimilation ces contrées vierges d'invasions et d'exploitations qui ne pourront profiter qu'au sud, mais qui ne pouvaient être découvertes que par le nord.

CHAPITRE V

DÉPENSES DU HAUT TONKIN. — FINANCES TONKINOISES

Matériellement parlant, les postes des régions hautes n'existent guère ; les chemins qui les relient n'existent pas ; personne n'appelle casernes, magasins ou hôpitaux les cainhâs en paillottes que l'on construit le matin et que le vent emporte le soir. Le nombre des pirogues sur eau, des mulets sur terre est tout à fait insuffisant.

Malheureusement, tandis qu'une somme relativement restreinte pourrait suffire aux améliorations de première nécessité, des sommes énormes sont englouties dans les régions hautes, sans qu'on puisse rien en distraire dans le but précité.

La première de nos dépenses, et la plus

forte de beaucoup, est le ravitaillement. Si l'on compte tous les frais divers, toutes les avaries, toutes les pertes, tout ce qui, une fois arrivé, ne peut-être mis en consommation, on arrivera à constater des pertes sèches tellement phénomales, que nul n'a osé encore jeter les yeux sur le total.

Pendant la première année de notre possession, les régions ont compté comme effectif de garnison : pendant trois mois une compagnie de la légion et une compagnie de zouaves ; pendant six mois une compagnie de la légion ; soit 108.200 rations d'Européens, y compris quelques infirmiers et un détachement du train ; il y eut ensuite quatre compagnies de tirailleurs, une pendant toute l'année, deux pendant neuf mois, une pendant six ; soit 14.500 rations. Total 125.000 rations d'Européens. Ces 125.000 rations ont donné lieu aux opérations suivantes :

1° Un cinquième au minimum des rations arrivées à destination passe par procès-verbal de perte et d'avarie, par fonte, coulage, moisissure, etc., soit 25,000 rations ;

2° Les deux tiers des rations de sucre, sel et farine disparaissent entre le départ et l'arrivée à destination; les rations en solide ne subissent qu'un tiers de perte. Au total la moitié à peu près est inutilisable, soit 75,000 rations.

Rations montées.............	125.000
Rations avariées.............	25.000
Rations perdues.............	75.000
Total.........	225.000

Soit 225,000 kilogrammes, puisqu'un homme est censé consommer par jour un kilogramme de vivres d'administration.

Additionnons maintenant les pertes totales par cas de force majeure : Le premier convoi de vivres a perdu 17 pirogues et le second 15. Elles étaient, petites et grandes, chargées à 3,000 kilogrammes non compris le vin. On a perdu dans le premier convoi 51,000 kilogrammes et dans le second 45,000 ; total : 96,000. Total général : 321,000 rations.

Il y a actuellement dans la région dix mois de vivres d'avance pour un effectif moyen de

125 Européens, soit 40,000 rations. Pour les obtenir, il a fallu en monter et en dépenser 110,000. Cette ration est estimée en Afrique (différence du prêt franc au prêt ordinaire) à 0 fr. 55 par jour; ici, rendue à Haiphong nette de tout déchet, elle vaut sept fois sa valeur européenne, et est estimée comme telle; néanmoins, en se servant de farine venue de Hong-Kong, de riz en quantité, de haricots du pays, on nourrit l'homme à raison de 1 fr. 10 par jour.

Les vivres d'administration ont donc coûté 510,000 francs.

Restent le vin et la viande fraîche.

Le vin, comme l'ont déclaré tous les officiers d'administration, comme on le sait même en France, revient à 7 fr. 25 le litre. Cela provient des énormes déchets; il subit, en montant dans nos régions, des diminutions et des transformations telles que, vu les pertes et la mauvaise qualité de ce qui arrive, il vaudrait peut-être mieux s'en passer. Il arrive en effet à peine le tiers du vin qui est parti de Hanoï; il est vrai que c'est une denrée tellement précieuse qu'on ne lui fait pour ainsi dire pas subir de procès-verbal d'avarie, et que, bon, mauvais ou exécrable, on consomme tout le liquide qui arrive sous le nom de vin. Les deux désastres de Vanyen et de Namma ont fait perdre le premier 1,200, et le second 4,500 litres de vin qui ont dû être remplacés.

La ration simple étant touchée au Tonkin, chaque rationnaire a droit, par jour, à 43 centilitres de vin, ce qui, pour 125.000 rations, donne un total de 53,750 litres, coûtant à l'État 405,000 francs. De plus, il y a dix mois de vin de réserve pour l'effectif restreint, soit 18.000 litres qui valent 135,000 francs. En résumé :

Vin consommé	405.000
Pertes sèches	43.000
Réserve	135.000
Total de la dépense	583.000

VIANDE FRAICHE. — La viande fraîche de distribution provenait soit des troupeaux de bœufs entretenus dans les postes, soit de porcs achetés sur place aux nhaqués. La viande abattue ne pouvait se garder plus de trois jours à cause de la chaleur, et c'était une cause de perte dans certains postes.

Il est assez difficile d'estimer, pour ne pas trop rester en dessous de la vérité, le prix moyen des bestiaux. Il était fort raisonnable aux premiers temps de l'occupation, et devint par la suite plus élevé, exorbitant parfois; il y avait un peu de notre faute, car nous augmentions forcément les prix, en dédaignant de marchander avec cette race éminemment mercantile. J'ai même vu mieux; à Sonla, un commandant d'armes qui avait payé 50 piastres un bœuf, et s'était fait voler de la moitié, en achète un autre qu'on lui fait payer le même prix; comme il le trouve plus beau que le précédent, il *force* le vendeur à accepter 55 piastres.

De plus, à Sonla, où on achetait au quanchau, on payait beaucoup plus cher qu'à Lai, où l'on achetait directement à l'habitant. Le porc était partout de prix convenable; il va riait de 6 à 8 piastres, et donnait un jour de consommation pour une troupe de 20 à 25 hommes. On tuait, à Sonla, tous les jours depuis l'occupation; quand on a manqué de bœufs, on a acheté des buffles, et si la viande était inférieure le prix restait stationnaire. A Lai, on tuait tous les quatre jours. Mais on s'est, pendant trois mois, passé de bœuf pour manger du porc, ce qui a lieu actuellement encore. Même remarque pour les autres postes de la région, où l'on ne pouvait pas tuer au compte de l'État. Le bœuf ordinaire coûtait 30 piastres à Lai et 35 piastres à Sonla.

Le prix de revient de cette denrée consommée pendant l'année monte à peu près aux sommes suivantes :

Bœufs ou buffles (Sonla et Lai)....	45.000
Porcs (Tuangiao et Lai)............	14.500
Total........................	60.000

Quant aux bœufs morts par accident ou maladie, vingt-cinq bœufs furent emportés par une épidémie de douve, et une dizaine revenant des pâturages éloignés au gîte disparurent dans le courant des arroyos.

Viande consommée...............	60.000
Bœufs perdus...................	4.400
Troupeau de réserve de la région ..	10.000
Total.....................	74.000

12

Dépenses de ravitaillement des troupes européennes :

Vivres d'administration.	510.000
Vin,	583.000
Viande fraîche	74.000
Total	1.167.000

La nourriture des tirailleurs tonkinois que l'État prend à sa charge à l'aide de retenues sur la solde occasionne une minime dépense; elle est en entier composée de riz et de sel, et coûte cinq sous par jour et par homme. La dépense annuelle de la région ne dépassera guère 65,000 francs de ce fait. Elle a été de 59,400 francs en 1888.

*
* *

Il y a deux restrictions à faire dans l'avenir à ces chiffres phénoménaux : d'abord la réserve de dix mois est constituée une fois pour toutes; il n'y a qu'à ne pas y toucher; elle n'a pas à être renouvelée; elle n'entre donc pas dans les calculs de prévision des arrivées futures, et il y a de ce fait une somme de 255 à 260,000 francs à retrancher du chiffre à prévoir. Ensuite, à l'avenir, on ne comptera plus de troupes européennes dans les hautes régions; on n'y maintiendra que les cadres de quatre compagnies tonkinoises, d'une compagnie méos, et le corps de santé. Cela fait au maximum un total de 150 rationnaires. Ces 150 rationnaires consomment, d'après les règles précitées :

1° En vivres d'administration : 54,750 rations. Aujourd'hui que l'expérience est venue aux organisateurs du ravitaillement, aux navigateurs de la rivière Noire et aux gérants d'annexe, les étonnants déchets de l'année 1888 peuvent être évités. Les catastrophes et naufrages ne se renouvelleront plus, à présent que l'on ne ravitaille plus que pendant la saison favorable; de plus, l'établissement de magasins convenables, où tous les moyens de conservation prescrits pourront être employés, réduiront au quart les pertes en magasin. Il suffira donc d'amener 75,000 rations dans les différents postes, soit une dépense de. 82,000

2° Les pertes sèches de vin pourront être

évitées; mais on n'évitera jamais l'ouillage, ni le suintage, ni, surtout en route, certaines autres causes de disparition sur lesquelles il est inutile d'insister. Les 25,000 litres nécessaires à la consommation coûteront 175.000

3° Viande fraîche. D'après les règlements, aucun poste n'aura plus le droit d'abattre des bœufs; s'il le fait, ce sera aux dépens des masses noires des compagnies. Chacune des compagnies achètera donc sur place des porcs pouvant fournir deux jours de consommation à un effectif restreint. La dépense sera de 27.700

Dépenses générales :

Européens.	284.000
Indigènes	65.000
Total.	349.000

La seule comparaison de ce chiffre avec le chiffre obtenu pour l'année 1888 (1,167,000) devrait empêcher à tout jamais le retour, dans les hautes régions, de garnisons européennes.

*
**

Les transports constituent la deuxième grande dépense de la région; il y a les transports par eau et les transports par terre.

Les transports par eau nécessitent :

1° L'achat des pirogues : il doit y en avoir 70 dans la région, et chacune a été payée neuve 20 piastres au quanphong, soit   5.500

Ce sont les frais de première installation; mais les pirogues ne font pas beaucoup de voyages sans nécessiter des rapiéçages, surtout dans des cours d'eau rapides et tourmentés. Il en sombre assez souvent. Il faut consacrer une certaine somme pour radoubage d'anciennes pirogues et achat de nouvelles.

2° L'entretien et le payement de quatre, six ou sept coolies bateliers suivant la taille de la pirogue (3, 4 ou 7,000 kilogrammes). Les pirogues à six bateliers sont les plus communes. Celles à quatre bateliers et un pilote reviennent à un prix équivalent. La dépense annuelle de ce fait revient à 90.000

Il y a en plus une indemnité allouée aux

villages qui, comme Vanban, Thaccua, Moctien, tiennent, sous notre sauvegarde, un bac de passage d'une rive du fleuve à l'autre. On peut donc compter annuellement 100,000 fr. pour ce service de pirogues, qui amène les vivres aux ports de débarquement des différents postes.

Il reste à voir combien l'on emploie de coolies dans la région. C'est un calcul à peu près impossible à établir d'une façon stable; car suivant les travaux à accomplir, il est fait aux quanchaus des demandes de coolies plus ou moins considérables. En 1889, par exemple, des Méos construisirent un superbe village pour la compagnie de tirailleurs de montagne, et une vice-résidence à Sonla. Ces journées extraordinaires ne peuvent entrer en ligne de compte pour un chiffre régulier à évaluer. Ainsi la mission Pavie a employé cent vingt coolies pendant quatre voyages pour amener les bagages de Vanchan à Sonla, et autant de Sonla à Dienbien, ce qui a occasionné une dépense de 4,000 francs environ. Mais de telles dépenses ne peuvent être mises qu'au chapitre de l'imprévu.

Deux postes seulement nécessitent pour leurs vivres le transport par coolies : Sonla et Dienbien. Deux coolies ne portant ici que 25 à 30 kilogrammes, eu égard aux mauvais chemins, Sonla, où il y a deux cadres, nécessite une dépense de 2,700 journées de coolies, soit 2,000 francs. Dienbien occupe vingt coolies pendant une quinzaine de chaque mois, soit 2,200 francs.

Les colis, les bagages des officiers et des compagnies, les convois spéciaux du Delta dans l'intérieur, les caisses du Trésor, sont apportés aussi par les coolies à Sonla et à Dienbien; et, s'il est vrai que la population est peu dense et fournit peu de bras, il est vrai aussi que ces objets sont bien nombreux, car les transits intermédiaires de Chobo et de Vanyen en sont remplis à éclater; et cependant les convois ne cessent pas d'aller et venir entre le fleuve et les postes. Que ces convois soient réguliers et nombreux c'est impossible, et cela n'est pas; mais ils existent d'une manière permanente, et ils constituent ainsi une source de dépenses, qui, tout en coulant goutte à goutte, finit néanmoins par atteindre un débit considérable, et hors de portée de toute appréciation.

Le transport par chevaux n'a presque pas été employé; c'est à l'occasion du passage de la mission Pavie qu'il a été expérimenté pour la première fois. Ce sont des tirailleurs qui conduisent ces animaux; les frais consistent donc dans leur achat et leur nourriture. Il en a été acheté quarante l'un dans l'autre à quarante piastres chacun, bât et harnachement compris, soit. . . . . . . 6.500 francs.

Leur nourriture, ils la trouvent dans les prairies des plateaux, et le paddy acheté pour eux aux quanchaûs ne vaut guère la peine qu'on en parle. La suppression du poste de Tuangiao, le ravitaillement de Dienbien par Pahoun et Lai directement, ont empêché de pousser bien loin l'expérience. Les animaux ont pris leur retraite à Sonla, où ils ne coûtent pas grand'chose; il est vrai qu'ils n'y servent à rien.

Les transports de la région peuvent donc occasionner une dépense annuelle de 125,000 francs. Avec le ravitaillement, elle constitue nos plus grands frais.

***

Les caisses de région payaient de plus au quanphong 400 piastres par mois pour la mise sur pied et l'entretien de ses linhs. Le traitement du quanphong qui s'élevait officiellement à 1,200 piastres par an (le mot est impropre, les fonctionnaires annamites ne devant toucher que des frais de représentation); le traitement des quanchaûs (250 piastres), celui des petits fonctionnaires (de 100 à 150 piastres), toutes ces petites sommes finissaient par en faire une très grosse et une très lourde; il y a onze quanchaûs dans la région; quant aux autres chefs, ils sont légion; autant chercher à compter les grains de sable des grèves de la rivière Noire.

Je ne prétends pas que, sous le rapport financier, la région ait toujours été gérée de la façon la plus prévoyante et la plus économique; il n'en a pas été ainsi. Mais il faut faire la part des choses. Lorsque la colonne de 1888 remit le sol à un vice-résident, à la fois chef militaire et civil, tout était à faire, et l'administration du premier vice-résident

se conclut par une dette criarde et énorme.
En effet, non content de dépenser sagement
les crédits en travaux d'installation de première nécessité, il les dépensait follement en
faisant de son plein gré hausser le prix des
marchandises, en se montrant, avec les retors
indigènes, aussi généreux qu'il eût fallu être
serré, en récompensant par des gratifications
hors de toute mesure les moindres actes et
les moindres gestes des chefs en notre faveur.
Le gaspillage était arrivé à un tel point qu'il
suffisait au quanchau de Sonla de mettre son
grand chapeau et de venir dans son appareil
officiel déclarer au vice-résident qu'un soulèvement de Chinois inconnus venait d'éclater
quelque part; aussitôt le vice-résident, qui
connaissait ce qu'est le nerf de la guerre,
vidait sa caisse dans le cai-ao du visiteur,
qui mettait dans sa poche les subsides destinés à réprimer une révolte imaginaire.

Tantôt c'était pour lever des coolies à nous
destinés, pour donner des acomptes aux fabricants de pirogues; l'argent tombait toujours;
les piroguiers n'en voyaient jamais. Si bien
que lorsque le deuxième commandant de

région arriva avec 16,000 piastres, il trouva l'antichambre de sa cainha assaillie de créanciers étranges, pourvus de tous les idiomes et de tous les costumes, et réclamant chacun à son tour des notes phénoménales pour des causes inouïes. Lorsque tout fut payé, il n'y avait plus rien dans la caisse, pas même de quoi payer le convoi qui arrivait le lendemain.

Le commandant passait sa nuit en calculs, demandait 30,000 piastres à la brigade ; celle-ci recevait le pli quinze jours après, l'examinait quinze autres jours, et finalement envoyait 15,000 piastres qui arrivaient deux mois après la demande, alors qu'elles étaient déjà largement dues sur parole aux muongs des quatre coins du pays.

Ce retard perpétuel dans l'envoi des fonds nécessaires amena forcément les commandants de région à composition. Le réel bon marché de toutes les transactions opérées provenait de ce qu'on s'adressait aux nhaqués eux-mêmes pour les achats, et aux doïs coolies pour les transports et convois. Les prix étaient débattus et soldés séance tenante.

Quand il n'y avait point d'argent, la règle eût été de ne rien acheter. Mais il y eut si longtemps pénurie de piastres, et il y eut des circonstances si pressantes, que bon gré mal gré il fallut acheter tout de même. On prévenait alors le quanphong que l'on avait besoin de dix chevaux, ou de vingt bœufs, ou de cinquante coolies, ou de cent paniers de riz, et que l'on payerait à une date ultérieure, fixée d'avance assez loin pour que les lenteurs de l'administration centrale n'y pussent rien changer. Le fonctionnaire à qui l'on s'adressait donnait les ordres nécessaires, et dans le délai indiqué apportait la fourniture demandée, puis se retirait avec force salutations sans jamais demander un sou. Au bout de quinze jours, les chevaux, les bœufs, les coolies, le riz, s'additionnaient, au mépris de toutes les règles d'arithmétique, en un total à faire frémir; et, le jour de la carte à payer, un chiffre exorbitant s'étalait, qui eût fait honneur au tailleur d'un fils de famille; il n'y avait qu'à s'exécuter et à passer sous les fourches caudines; tout débat était alors superflu; le mandarin ou fonctionnaire offensé jouait à sa manière l'air des créanciers d'Offenbach : Quand on doit il faut qu'on paye, et ne diminuait pas un sou de sa créance.

C'est ainsi que les petits chevaux, que les nhaqués offraient à 20 piastres, bât compris, se soldaient dans les comptes du quanphong à 40 piastres, le dos nu ; c'est ainsi que les pirogues, qu'on avait jadis payées comptant 12 piastres, étaient estimées 20 piastres, et étaient moins bien construites; c'est ainsi que les bœufs montaient à 40 piastres et les buffles à 50; c'est ainsi qu'après avoir dix fois renâclé et laissé les convois en plan, les coolies étaient payés plus cher au bout de trois mois que si on les avait payés tout de suite pour un bon service. Enfin, le plus triste était que cet argent n'allait jamais à destination. Le quanphong et les quanchaûs, sur nos demandes, racolaient et razziaient sans rien payer, disant, ce qui était vrai, qu'on ne leur avait pas donné d'argent, et, le jour du payement, tandis que les nhaqués frustrés, l'un de sa récolte, l'autre de ses bœufs, l'autre du fruit de son travail, étaien rentrés chacun chez eux, les quanchaûs, réunis à Sonla, se partageaient bénévolement les piastres, qu'ils buvaient à la santé de notre généreuse administration. De sorte que nous payions les réquisitions le double de leur valeur, et que, aux yeux des réquisitionnés, nous passions pour les avoir volées.

Il eût fallu que l'on envoyât tout d'un coup une bonne somme dans la région, pour liquider l'arriéré et pour faire face aux dépenses de l'avenir. Mais lorsque l'administration se décidait, après mûres réflexions, à envoyer la moitié des fonds demandés, elle chargeait la région d'en employer une partie pour payer la solde des Européens et des tirailleurs. Pour les Européens, cette solde n'est pas bien forte; pour les indigènes, elle l'est davantage. Une compagnie de tirailleurs tonkinois, à l'effectif de 150 hommes, 8 sous-officiers et 2 officiers, coûte environ 7,000 francs par mois. Les trois compagnies de la haute rivière grevaient donc la région de 21,000 francs quand le Trésor s'avisait de les faire payer de cette façon.

Il arrivait aussi qu'elles n'étaient payées

ni d'une façon ni d'une autre. Les créanciers indigènes n'attendaient pas; les soldats attendent toujours. On satisfaisait les uns et pas les autres. Les légionnaires de Sonla sont restés deux mois sans toucher un sou, et leur capitaine leur payait de sa poche une partie de leur solde, afin qu'ils pussent parer aux premières nécessités. Quant aux tirailleurs, comme on craignait, s'ils n'étaient pas payés, qu'ils ne désertassent, on employait la solde des cadres à leur donner des acomptes, et on faisait la solde des cadres avec des bons, payables à l'époque où l'on descendrait dans le Delta.

***

Il y avait cependant trois caisses dans la région, caisses qui auraient dû être toujours pleines et qui sonnaient toujours creux : la caisse de la région, qui devait fournir aux dépenses précitées ; la caisse des fonds d'avance, qui devait payer les mandats et parer aux éventualités imprévues; la caisse des compagnies, qui devait améliorer le sort de ces compagnies. J'ai expliqué comment la caisse de la région était toujours vide ; les caisses de compagnies s'étaient épuisées à habiller les hommes, que l'administration abandonnait, et à soigner les malades, que l'ambulance ne pouvait guérir. Quant à la caisse des fonds d'avance, on y puisa tant et si bien pour guérir les blessures de la caisse de région qu'elle finit par se tarir, sans espoir de couler de nouveau. Quand j'arrivai à Sonla, j'avais un mandat de 500 francs, payable à l'une de ces caisses ; mais il n'y avait pas 500 francs dans toute la place. Lorsque le commandant partit pour se joindre à la mission Pavie, les trois caisses réunies contenaient 208 piastres, cinq ou six fois dues depuis longtemps. Peu solvable pour insolvable, la région n'y perdait rien en crédit, le commandant emporta les 208 piastres ; quand il eut payé des coolies et des vivres à Vanbu, il ne lui resta plus grand'chose ; en arrivant à Lai, il fut obligé d'emprunter de l'argent au chef de poste, qui n'en avait guère non plus ; d'en emprunter aux différentes compagnies qu'il visitait ; d'en emprunter à la mission Pavie, qui, elle du moins, roulait sur l'or, et dont les membres se promenaient les poches pleines de pièces de dix sous, qu'ils jetaient à poignées aux gamins du pays. Quand le commandant rentra à Sonla, il y avait un peu d'argent; il put payer ce qu'il devait; mais il fallait, suivant la coutume, payer les compagnies de tirailleurs; 5,000 piastres y passèrent; et le médecin-chef de Lai, qui n'avait pas reçu un sou depuis le mois d'octobre et qui faisait marcher l'ambulance avec son argent, celui de ses boys et celui de ses malades aisés, n'arrivait pas à se faire rembourser des 600 piastres qu'il avait avancées et qui, paraît-il, ne furent payées qu'après sa mort à ses héritiers.

Cette détresse financière perpétuelle tenait à une cause plus grave que les lenteurs mises à satisfaire les exigences de la région. Elle tenait à la parcimonie avec laquelle le budget de la colonie traite la partie militaire, et cette parcimonie tient à ce que le budget est toujours originellement et normalement en déficit.

* * *

L'analyse du budget général de la colonie ne peut entrer dans les limites d'un cadre restreint ni dans les visées très modestes du narrateur *de visu*. Qu'il suffise seulement de dire que l'assiette sur laquelle se débattait le budget d'Annam a changé de face. Autrefois, 15 millions donnés par la métropole, 11 millions par la Cochinchine, puis la rentrée des impôts et les nébuleuses recettes intérieures constituaient notre avoir. Partant de cette somme, le calcul du Protectorat était de bien payer les gens et de peu payer pour les choses; aussi, si depuis les résidents jusqu'aux veilleurs de nuit, tous les fonctionnaires étaient grassement rétribués, tout, depuis les quais interrompus de Hanoï jusqu'au soldat mourant de faim dans la haute rivière Noire, indiquait le manque absolu de ressources et la volonté d'inertie de ne chercher aucun remède capital à la situation. De l'aveu même du gouvernement, aveu précieux à retenir, les économies ont toujours été faites à côté de l'endroit où elles devaient l'être. Je n'en veux qu'un exemple : pour l'instruction publique, il y a un crédit d'un million et demi de francs ; c'est peu. C'est tout à fait en rapport, du reste, avec les bienfaits de ladite instruction publique, et l'on n'a pas trouvé moyen de rogner là-dessus. Au budget des travaux publics, il y avait autrefois 1,250,000 piastres ; on a réduit le budget de moitié en réduisant les travaux et en ne réduisant ni le nombre ni la solde des employés. Ainsi, sur le budget actuel pour cette partie, 100,000 piastres sont attribuées aux travaux et 523,000 piastres sont absorbées par le personnel. (Citation de M. Richaud, dans son discours du 1ᵉʳ janvier 1889.)

Au Tonkin, la situation est la suivante : le premier budget établi régulièrement fut celui de 1887 ; il prévoyait 13 millions de recettes ; il y en eut 16, et néanmoins il y eut un déficit de 13 millions ; la subvention de la métropole descendit de 50 millions à 30, puis à 20 ; elle est aujourd'hui de 15 et elle diminuera d'année en année jusqu'au jour où elle disparaîtra complètement.

Les recettes, en dehors des subventions, consistent dans la rentrée des impôts que nous avons mis sur l'opium, les plantes tinctoriales, même à l'intérieur, et dans le produit des douanes.

L'impôt sur les jeux est véritablement une chose immorale; on a trop parlé en France du baquan et des trente-six bêtes pour y revenir. Mais il est certain que, quoique l'argent n'ait pas d'odeur, nous abaisserions notre dignité à le chercher là.

L'impôt sur l'opium est ce qu'on appelle, dans le journalisme, une vaste blague; l'opium est aussi nécessaire à l'Annamite que l'air et la lumière du ciel, et il ne veut pas le payer plus cher qu'autrefois; aussi la contrebande est-elle effrénée. Elle se fait sous les formes les plus variées. Un radeau de bambous, chargé de cunao, descend la rivière : retournez le radeau, il y a de l'opium dessous; fendez le radeau par le milieu, il y a de l'opium dedans. Un milicien est chargé de poursuivre un délinquant; il le ramène au poste; le délinquant n'a pas d'opium; on le met en liberté; le milicien qui lui fait passer la ligne a de l'opium dans le canon de son fusil. Des coolies apportent des malles à visiter, il y a de l'opium dans les doubles fonds. Un nhaqué passe les mains vides : il a de l'opium dans son chignon. Un célèbre contrebandier de la rivière Noire fait faire un enterrement splendide à une femme qu'il venait de perdre ; le directeur de la ferme d'opium assiste aux obsèques ; la femme en question n'était jamais morte : le cercueil était plein d'opium.

Voilà pourquoi le revenu de ce fameux impôt, comme celui des douanes d'ailleurs, est tout juste suffisant pour payer les employés chargés de le percevoir.

Les douanes sont toujours éludées, sans quoi les droits sur le sel, le coton, les plantes tinctoriales, les bois, etc., pourraient être d'un sérieux rapport. Mais les Annamites sont trop fins pour que nous ayons jamais le dernier mot avec eux. Puis, toutes les douanes sont situées en pays de montagnes, en des régions où la surveillance est impossible sur une zone un peu étendue. Ainsi, il y avait une douane à Laokai qui taxait les

13.

objets descendant le fleuve Rouge. Elle n'avait pas grand'chose à taxer, n'en déplaise à M. Dupuis; mais les gens qu'on taxait trouvaient que c'était encore trop. Ils se déplacèrent et passèrent par la vallée du Song-Chai, sur Lucan. On établit à Lucan une douane succursale et, afin que les contrebandiers ne pussent trouver des débouchés inférieurs sur le fleuve Rouge, on établit des postes douaniers à Pholu, Baoha, Thanquan et aux centres un peu sérieux. Ils éludèrent encore la difficulté en passant par le plateau de Tulong, en touchant barre sur le Song-Chai à Phorang, et en suivant dès lors des sentiers impossibles dans les contreforts entre le fleuve Rouge et Song-Chai, où nous ne pourrons jamais aller les chercher. C'est ainsi que les objets de contrebande arrivent sans avoir payé jusqu'à Phudoan, après avoir défilé pendant plus de 200 kilomètres entre deux rangées longitudinales de douaniers, lesquels arpentent les rivières sans jamais rien prendre. C'est de la sorte que, sur toutes les frontières, se perçoivent les droits.

Il y a deux exceptions : les Méos et autres peuples de langue thaï se sont absolument refusés à donner un tiers de leur marchandise pour acquérir le droit de vendre les deux autres tiers. Comme ce calcul, produit de notre haute civilisation, dépassait leur intelligence primitive, et qu'ils se refusent à faire ce qu'il ne comprennent pas, on s'est résolu à les exempter de douanes.

Sur la frontière de mer du Quangsi, nous avons établi des postes douaniers dont le centre est Monkay. Comme il n'y a qu'une route, et que Monkay la barre, on obtenait là d'assez jolis bénéfices. Les Chinois firent tirer sur cette douane par des pirates, introuvables selon l'habitude ; et, au bout de trois semaines, quand les douaniers furent bien démoralisés, les taxés montèrent à l'assaut des taxeurs. La douane de Monkay fut emportée, et le Protectorat, pour ne pas soulever de conflit, la supprima. On l'a reportée à un endroit où elle ne gêne plus personne, et où elle ne courra donc plus le risque d'être prise de vive force.

Reste, en fait de recettes, le payement des

monopoles accordés tant à Kebao qu'à Caobang, au Thanhoa et ailleurs ; c'est une somme de revenus assurés pour une dizaine d'années ; mais elle est faible ; un impôt directement exercé par le Protectorat sur les marchandises à taxe dans ces provinces rapporterait au moins autant que le payement annuel des acheteurs de monopole, et ne donnerait pas lieu aux exactions sans nombre qui signalent, dans les concessions, le règne des agents chinois des concessionnaires.

M. Richaud a eu une heureuse initiative en obtenant du roi d'Annam la vente, au profit des Européens et des indigènes, des terrains dits impériaux, larges espaces de sol non cultivé, qui couvrent une partie des provinces limitrophes du Delta, et empiètent sur le Delta même. C'est pour l'avenir une somme de gains assurés, honnêtes et pratiques, comme il nous en faudrait beaucoup pour nous tirer d'affaire.

* *

Lorsqu'un pays ne peut pas compter sur lui-même pour équilibrer son budget, qu'il vit de l'aumône des amis, aumône gracieusement faite par la Cochinchine, faite en rechignant par la métropole, et que ce pays a besoin d'être tiré de son état primitif, il est certain que rien de grand ne peut être entrepris, que ni casernes ni hôpitaux ne peuvent s'élever ; que ni voies ferrées ni routes ne peuvent être mises à l'étude et sortir des cartons où les relègue notre pauvreté. Conserver au Tonkin son budget de recettes de l'année 1888 avec 11 millions donnés par la Cochinchine et 15 seulement par la France, c'était le condamner au *statu quo* perpétuel, et ceux qui en ont goûté savent combien ce *statu quo* est défectueux; c'était condamner ceux qui l'habitent à l'incertitude; partant, c'était leur interdire les établissements importants, les affaires de longue haleine et de haute portée; c'était condamner ceux qui le défendent à souffrir et à mourir, comme ils souffrent et meurent depuis quatre ans, sans résultat ni profit; c'était enfin laisser la France anxieuse de savoir si, en allant au

Tonkin, elle s'était acquis une colonie ou seulement un chancre oriental.

D'autre part, notre colonie de la Cochinchine, qui est très prospère avec 30 millions de recettes, se trouvait gênée aux entournures par ce prélèvement annuel de 11 millions, qui arrêtait son essor, sans seulement pouvoir combler notre déficit. Toute l'épargne de la colonie s'en allait au Tonkin; et là où on aurait pu avoir le superflu, on ne pouvait même plus dépenser le nécessaire (1). C'est pour sortir de cette stagnation dangereuse que M. Richaud, dans l'exposé peut-être le plus complet que l'on ait encore fait de notre situation coloniale, a proposé un emprunt de 100 millions, destinés à faire sortir le Tonkin du berceau, à le faire vivre, et à dégrever la Cochinchine de son écrasante subvention. Cet emprunt a été consenti par le conseil colonial. Ce n'est pas avec 100 millions qu'on fera tout ce qu'il y a à faire; mais on pourra en faire une partie, et en

---

1. On peut constater l'effet produit, en consultant la liste des maisons qui liquident ou qui font faillite à Saïgon et à Cholen.

tout cas attendre l'avenir qui nous apportera la mesure à la fois politique et financière, qui peut seule nous sortir de la fausse situation que nous occupons en Extrême-Orient.

*
* *

Suivant les articles du projet de loi sur l'emprunt, les 100 millions, exclusivement destinés aux dépenses de premier établissement du Tonkin, doivent être consacrés aux casernes, hôpitaux, routes, canaux, télégraphes, bureaux des autorités civiles dans les postes intérieurs, matériel des hôpitaux, etc. L'amélioration des ports, la construction des voies ferrées, n'entrent qu'en seconde ligne. On a rejeté absolument la construction des magasins et des fortifications. Une sévère économie semble donc présider à la répartition de la bienfaisante manne. Il faut espérer qu'il en sera toujours ainsi.

Cet emprunt ne résout pas la situation. Il recule de cinq ans le moment critique. En effet, payables par le Tonkin, garantis par la

Cochinchine, les 100 millions votés ne vont pas nous tomber tout d'un coup dans la poche, mais nous arriveront peu à peu, depuis 1891 jusques et y compris 1895 (1). La première année, nous toucherons 15 millions; 20 millions les trois années suivantes, et 25 la dernière année. Pour le remboursement, c'est le Tonkin qui doit l'opérer; il doit pouvoir le faire à l'aide du commerce que favoriseront les constructions et les routes issues des 100 millions. C'est en effet une source de revenus à peu près assurée. Mais il faut raisonner logiquement, et voir à quelle époque cette source de revenus commencera à couler, et si, au bout de cinq ans, à partir d'aujourd'hui, elle sera assez forte pour qu'on y puisse trouver le remboursement de l'emprunt et de ses intérêts à cinq pour cent.

La première année, le Tonkin touche 15 millions, mais il touche en moins sur son budget ordinaire les 11 millions de

---

1. En admettant que la Chambre française accepte le principe de l'emprunt dans sa prochaine session.

subvention de la Cochinchine. Les 4 millions qui restent serviront à équilibrer le budget, suivant un des articles de la loi d'emprunt. En effet, le budget est toujours en déficit d'un minimum de 5 millions.

Ainsi, la première année n'apportera pas un sou aux travaux à entreprendre. La deuxième année, un virement de fonds de 11 millions étant remplacé par un virement de 6, on aura 14 millions pour satisfaire aux dépenses prévues; mais le déficit ordinaire du budget augmentera de 5 millions; on perd ainsi d'un côté une partie de ce qu'on trouve de l'autre.

C'est à partir de la troisième année seulement que les 20 millions pourront être consacrés aux routes, canaux et télégraphes; or pour mener à bonne fin les deux grandes voies commerciales tonkinoises Hanoï-Laokai, et Hunghoa-Dienbien, sans parler des voies secondaires Phulangtuong-Dongdang et Sontay-Hayang, il faudra un an au moins, en admettant que l'on se contente d'un embryon de route, et que tout le monde, Européens, indigènes, habitants, tirailleurs, coolies, mette la main à la bêche et à la pioche. C'est à la fin de la quatrième année seulement que l'on pourra offrir au commerce un simulacre de réseau, mal joint, reliant à peine encore les différents points de trafic, et se soudant aux marchés frontières du Quangsi, du Yunnan et du Siam.

Il est évident que les commerçants ne s'engageront pas tout de suite à fond sur les nouvelles routes sans être assurés de leur sécurité et de leurs bénéfices. Ce n'est qu'après des essais faits sur une très petite échelle, et couronnés d'un gros succès, que les grandes transactions pourront avoir lieu. De plus, les grandes transactions ne rapportent pas le jour même où elles se produisent; ce n'est que leur résultat final et leur répétition qui amène l'argent au Trésor. — Il ne reste cependant, avant le commencement du remboursement, qu'un an pour que le commerce apprenne la route, qu'il s'y engage et qu'il y gagne. Il est donc à peu près certain que les 100 millions n'auront pas porté leurs fruits quand il faudra commencer à les rendre.

Le remboursement doit être effectué par

annuités de 6 millions, intérêts compris. L'intérêt de l'emprunt à cinq pour cent étant de 5 millions la première année, il reste juste 1 million pour l'amortissement, et en partant de cette base le remboursement total ne pourrait être effectué qu'au bout de quatre-vingt-cinq ans.

Cet article du projet, qui limite l'annuité à un maximum de 6 millions, est fort sage; car, en cas prévu d'insuffisance du Tonkin, la Cochinchine peut payer 6 millions par an sans se mettre le couteau sur la gorge. Mais un autre article limite à trente-sept ans la garantie de la Cochinchine; il est donc absolument certain que le remboursement intégral de l'emprunt devra être effectué pendant la durée de la garantie, et l'annuité sera ainsi portée à 7,700,000 francs pour la première année. En comptant l'intérêt moyen, l'annuité moyenne sera de 4,950,000 francs pendant trente-sept ans.

Il restera ensuite 25 millions à payer à la Cochinchine pour l'intérêt entier payé par elle de 1891 à 1895. C'est-à-dire que le Tonkin, pour un emprunt de 100 millions, remboursera 195 millions en trent-sept ans. C'est un emprunt ordinaire quand il s'agit d'un peuple riche; c'est un emprunt désastreux quand il s'adresse à un pays comme le nôtre.

Si le Tonkin avait pu, dès 1889, disposer de 100 millions sonnants, le résultat eût pu être convenable, et fût surtout arrivé à temps. On ne donne pas 100 millions d'un coup à la Cochinchine. On aurait pu les avoir en faisant garantir l'emprunt, non par une colonie, mais par la métropole. La métropole, égoïstement avisée, n'eût pas voulu. L'amour-propre des conseillers coloniaux, habilement mis en cause, a tenté cette grosse partie, et lié définitivement la prospérité ou la ruine de la Cochinchine à la prospérité ou à la ruine du Tonkin.

*
* *

Il est en effet commode d'emprunter; mais il s'agit de rendre, et c'est moins facile. Or, non seulement le Tonkin ne donne guère d'assurances, dans sa situation actuelle, pour nous rapporter un jour quoi que ce soit; mais il est même douteux que la bienfaisante pluie d'or qui va nous inonder jette à temps un germe quelconque de promesses.

Le Tonkin a des récoltes; il peut, avec beaucoup d'activité, se tenir à flot. Il ne faut pas lui en demander davantage. Ceux-là même qui, dans un accès de patriotisme, ont voté l'emprunt, savent bien qu'il faudra, aux échéances, prendre des arrangements dont ils seront les premiers à pâtir. Mais l'emprunt sauve la mise pour un jour, et donne le temps de réfléchir; voilà pourquoi le conseil colonial l'a voté; puis, c'est une question d'habitude; la métropole emprunte; la colonie fait comme elle; les Français des quatre coins du monde battent monnaie avec leur crédit; nous ressemblons à ces fils de famille, derniers de leur race, qui, après avoir dévoré leur argent liquide, font crouler sous les hypothèques la maison de leurs pères.

*
* *

Cependant l'argent ne manque pas au Tonkin. Je n'en veux pour preuve que le budget municipal de la ville de Hanoï. Cette capitale, dont la partie européenne est, sous tous les rapports, inférieure au moindre de nos chef-lieux d'arrondissement (recensement de 1889), et qui ne compte pas 400 habitants de race blanche, paye les impôts habituels; depuis qu'elle a été érigée en terre française, elle a son petit budget particulier de 85,000 piastres, près d'une piastre par tête, et personne ne se plaint. Si le peuple tonkinois avait seulement les tarifs de la ville de Hanoï à payer, il rapporterait, rien qu'en contributions et en octrois, 12 millions de piastres, soit 45 millions de notre monnaie.

Il y a donc de l'argent, beaucoup d'argent au Tonkin, il remue et nous ne le voyons pas. Il en entre des sommes incalculables dans le trésor d'Annam. Pourtant l'impôt est recruté d'une façon exorbitante, qui fait songer aux percepteurs d'opérettes. Lorsque le roi touche 10 millions de piastres, son ministre en a touché 20 et gardé la moitié; le kinhluoc en a déjà prélevé une part, et une part léonine; les quanbô ont levé le double de ce qu'ils ont apporté au kinhluoc, et le lithuong du plus pauvre village a toujours gardé quelques-unes des piastres de ses administrés.

Le peuple est grugé, pressuré, appauvri, au profit d'une caste qui nous supporte avec peine, et qui nous hait de toute la hauteur de sa science. Nous n'avons aucun droit au Tonkin, sinon de discuter avec le représentant du roi sur l'emploi des fonds; en Annam, nous n'avons pas ce droit, pas même celui de savoir ce que l'impôt rapporte. Et cependant nous sommes tenus de protéger ce roi, de le défendre contre ses ennemis du dedans et du dehors; nous payons les soldats qui le gardent; nous payons les fonctionnaires qui font observer ses lois, nous payons les mandarins qui le servent et qui nous trahissent, nous payons pour lui faire des routes, pour assainir et améliorer ses terres, pour rendre sa nation plus heureuse. Cet homme ne tient sur le trône que par notre volonté; nos mains l'y ont placé; il en tomberait si nous tournions la tête. Fantoche sacré, ce roi indifférent et ses mandarins hostiles rassemblent, entassent et thésaurisent la richesse entière d'un pays, où nous, les protecteurs et les dominateurs, nous sommes tous les jours sur le point de faire faillite. C'est le traité avec l'Annam qui veut cela.

N'en déplaise au traité, l'empire indochinois ne sera riche et prospère que le jour où l'impôt, touché par des mains françaises, tombera dans des caisses françaises ; le jour où l'argent d'Annam payera les soldats, les fonctionnaires et les travaux d'Annam. On objecte que pour cela il faut chasser les mandarins, et que ce n'est plus un protectorat, mais une occupation. Il est aussi inutile, et parfois aussi dangereux, de jouer avec les mots qu'avec les choses. Au point où l'on en était hier, où l'on en sera demain, il n'y a à hésiter qu'entre l'évacuation, l'occupation e la banqueroute.

Et c'est à nous de choisir.

CHAPITRE VI
LES DIFFICULTÉS DU GOUVERNEMENT COLONIAL

C'est au moment précis de nos agrandissements du côté de la rivière Claire et de la rivière Noire que commencèrent les difficultés amenées par l'ambition des hommes et la pénurie des finances. Le retrait des troupes de France, la création d'une armée coloniale devaient satisfaire aux exigences d'argent. L'ouverture des emplois et fonctions diverses, la création de résidences, le pouvoir, passant des généraux gouverneurs aux gouverneurs généraux, étaient une proie suffisante aux appétits des jeunes Français, qui se sentaient du goût pour une expatriation facile et lucrative.

C'est dans le but de rendre à la France les

éléments militaires qui lui avaient été enlevés, que furent créés les tirailleurs tonkinois, qui doivent former le noyau de notre armée coloniale d'Indo-Chine. Quelque opinion que l'on puisse avoir de la bravoure du soldat annamite, — et il serait inexact de lui refuser, d'une façon absolue, certaines qualités d'entrain, et surtout d'indifférence ou d'inconscience de la mort, — on peut dire que cette création fut hâtive et prématurée. Nous n'avions rien fait encore pour nous assurer le respect et la fidélité des Annamites, que déjà ils portaient notre drapeau et étaient armés de notre fusil. Avec le mode de conscription qui imposait à chaque village un nombre fixe d'appelés, il eût été nécessaire de prendre ces hommes pour un long temps et de les forcer à faire de ce métier leur carrière, de façon qu'ils fussent à peu près autant nos prisonniers que nos soldats. On eut le grand tort de limiter leur service à deux ans, puis de les traiter avec une indulgence voisine de la faiblesse, d'essayer de les prendre par des sentiments inconnus à leur race, et d'avoir en eux une confiance et une estime qui les fit croire élevés à la hauteur des troupes européennes et qui, par suite, éleva démesurément leur orgueil. On eut le tort plus grand encore de ne les surveiller que dans des limites restreintes et d'attribuer à l'ignorance de la loi des délits tels que la vente des effets et munitions, — laquelle était souvent passée sous silence, — et la désertion, que les conseils de guerre punissaient d'un maximum de trente jours de prison. Cette fausse manière d'agir amena des désordres graves. Les désertions se multiplièrent sous les moindres prétextes, et tous les chefs de bande que nous eûmes et avons encore à combattre sont des tirailleurs déserteurs, anciens gradés cassés pour indiscipline, dont quelques-uns entretiennent encore des relations avec leurs anciens camarades, qu'ils poussent à les rejoindre, et dont ils obtiennent tous les renseignements désirables pour échapper aux poursuites. C'est sur leurs instigations que se produisit encore, en 1889, la désertion en masse de soixante-dix-huit tirailleurs qui abandonnèrent, en une seule nuit, un des postes de la région de

Langson, emportant avec eux un véritable arsenal.

Pendant plus de deux ans, on eut à combattre ces fâcheuses dispositions. Actuellement, nous avons inculqué davantage l'esprit militaire à ces petits soldats, bien braves quand on les pousse, bien soumis quand on les traite sévèrement, et se conduisant bien lorsqu'on réfrène sans pitié, en eux, les vices familiers de l'Annamite, le vol et la trahison. On a surtout pris la mesure la plus efficace en punissant le déserteur plus sévèrement que le fumeur d'opium, et en portant d'abord à trois, puis définitivement à six ans la durée du service militaire (mars 1889) obligatoire. Désormais, un nhaqué, pris à vingt ans dans un village pour faire un linh, n'aura plus que l'ambition légitime de devenir caï, puis doc (caporal et sergent), grades dont ils sont très fiers, et se conduira pour cela aussi bien que le colonial de n'importe quel pays, mieux même, car l'Annamite est plus imitateur que le singe, et, malgré quelques défaillances, il n'a guère sous les yeux que de bons exemples.

D'ailleurs, si nous avons eu un certain mal à enrôler les Tonkinois et à en faire des soldats convenables, nous avons commencé par le plus dur de la tâche. Il existait, en Annam, des chasseurs annamites; il existe, en Cochinchine, des tirailleurs saïgonnais, qui rendent de bons services. Les auxiliaires annamites et tonkinois de l'artillerie, les anciens spahis tonkinois sont des petits modèles, et montent admirablement à cheval. Actuellement, les tirailleurs méos promettent les résultats les plus brillants, si bien que l'on pourra confier à eux seuls la garde de leur pays. Il en sera de même pour la garde des muongs des régions moyennes, pour celle du Song-Na, où la création de tirailleurs de montagnes a été proposée, pour celle des premières régions laotiennes dont nous serons bientôt les maîtres incontestés. Et nous aurons obtenu ainsi une armée coloniale que nous n'échangerions pas, au moins comme qualité, contre l'armée coloniale indo-anglaise.

Cette armée coloniale se complète par la garde civile indigène, miliciens à cadres européens, non assimilés aux soldats, chargés de la police intérieure; et par les linhs particuliers des fonctionnaires annamites, linhs rouges, linhs bleus, linhs à tuniques, linhs noirs à bandes tricolores. Toutes ces catégories armées échappent à notre contrôle; il serait préférable de les licencier ou de leur donner des cadres militaires français.

* * *

La formation de cette armée coloniale fut décidée dès 1884; en 1888, il existait déjà quatre régiments tonkinois (1), quatre bataillons annamites, un bataillon méos. Une partie des troupes de la guerre rentra donc en France, et l'administration militaire du Tonkin fut confiée à la marine. Cette substitution ne pouvait pas être heureuse. Elle n'avait qu'une seule raison d'être avouée, une raison par comparaison, c'est que toutes nos autres colonies étaient occupées par les troupes d'infanterie de marine, et gérées par leur administration. On ne s'aperçut pas

1. Il n'y en a plus que trois depuis le 1ᵉʳ juillet 1890.

qu'un système qui avait donné de bons résultats à Taïti et au Sénégal, pouvait en donner de détestables au Tonkin. En effet, quelques compagnies européennes peuvent suffire dans des colonies comme la plupart de celles que nous possédons, qui sont des ports de refuge ou d'approvisionnement, ou de petites enclaves, ou des îles peu peuplées libres des convoitises des peuples frontières. Mais le Tonkin est plus grand que la France; il est habité par des races insoumises en partie, entouré de voisins jaloux. C'est une France d'Extrême-Orient à garder contre elle-même et contre les autres. Il y fallait des administrations, des services, des rouages étendus, des troupes nombreuses et aguerries; c'était une Algérie asiatique à soumettre au régime militaire régulier et organisé, et non pas à exposer aux tentatives coloniales et aux expériences de généraux sénégalais ou cochinchinois.

De plus, l'administration de la marine ne dispose que d'un personnel restreint; il est éparpillé aux quatre coins du monde; fût-il réuni au grand complet, il ne suffirait pas à la gestion des services d'Indo-Chine. C'est pourquoi, après avoir réduit, au delà des limites raisonnables, les administrations du Trésor, de ravitaillement et de santé, les commissaires, successeurs des intendants, se sont vus dans l'obligation de conserver les auxiliaires de la guerre, entremêlant ainsi des unités disparates, au détriment de celles qui n'étaient pas représentées dans les grades et les conseils supérieurs.

Enfin, les troupes d'infanterie de marine, quelque braves qu'elles soient, quelle que puisse être leur réputation, ne sont pas à la hauteur de la tâche qu'elles ont réclamé pour elles. On n'a pu envoyer au Tonkin que des morceaux de compagnies, qui formèrent des régiments de marche; ces compagnies sont pour la plupart formées d'éléments parisiens indisciplinés, ou de volontaires aussi prétentieux qu'ignorants. Ce sont des jeunes gens qui, ayant à peine dépassé la limite d'âge inférieure des engagements, n'ont ni la force du corps ni la maturité de l'esprit nécessaire pour, dans un pays semblable, savoir commander et pouvoir obéir.

Ils sont rapidement en proie au dégoût, aux maladies épidémiques; ils souffrent plus que d'autres, étant moins robustes; la mauvaise santé, la mauvaise volonté qui en résulte, a fait que, jusqu'à présent, ils n'ont encore mené à bien aucune des besognes qu'on leur a confiées. Cependant, on a été pour eux plus que bienveillant; on ne les a répartis que dans de grandes villes et dans les meilleures et les plus saines de nos garnisons. Leurs cadres de sous-officiers sont déplorables; tous ceux qui avaient quelques capacités ont été versés dans les tirailleurs tonkinois, d'où ils ne rentrent dans les régiments de marche que par punition ou indignité.

Aussi, une telle insuffisance sous tous les rapports a fait que, même après les réductions et les suppressions de postes auxquelles on a été obligé de consentir (malgré l'intérêt général notoirement contraire), on a, depuis lors, pour avoir la quantité de soldats voulue, doublé les milices indigènes, et, pour avoir la qualité, conservé quatre bataillons de la légion étrangère, pour lesquels on réserve toutes les besognes fatigantes ou dangereuses, et pour lesquels, cependant, les officiers généraux de la marine n'ont que dédain, indifférence et oubli.

**

Mais le remplacement de la guerre par la marine avait une autre cause. C'était le refus absolu de nos généraux, anciens conquérants et administrateurs du Tonkin, de céder le pas aux autorités civiles, pour n'être plus ici qu'en sous-ordre. L'orgueil, sans doute, des succès obtenus, et l'amour-propre de l'uniforme était pour beaucoup dans ce refus ; car on sait que l'armée a toujours, à tort ou à raison, mis sa dignité à n'être commandée que par des chefs sortis de son sein, et s'il est vrai qu'elle subisse philosophiquement, par suite de circonstances politiques, la soumission à des administrateurs civils, au moins n'a-t-elle jamais consenti à l'ingérence d'éléments étrangers dans son organisation et sa direction intimes.

Mais il est certain aussi que nos chefs

militaires avaient acquis un tact assez développé des affaires indo-chinoises pour reconnaître que leur subordination à des fonctionnaires civils passerait aux yeux des Annamites comme un désaveu de leur politique et un abaissement de leur autorité. C'est à cet abaissement qu'ils n'ont pas voulu consentir, ils ont préféré s'en aller tout à fait. Les chefs militaires de la marine, inconsciemment ou non, en recueillant leur héritage diminué de l'autorité toute-puissante, n'occupèrent plus qu'une situation amoindrie, qu'ils pouvaient sans doute accepter, vu que, dans toutes les colonies, ils côtoient l'élément civil et lui cèdent le pas, mais à laquelle nos généraux de l'armée avaient le devoir de se soustraire, après la prépondance incontestée et justifiée qu'ils avaient exercée jusqu'alors.

*
* *

Donc, le grand changement s'opéra. Le gouverneur général et le général en chef trouvèrent le moment favorable pour remettre à l'autorité civile ce territoire encore tou chaud du sang versé. L'empire d'Indo-Chine fut partagé en régions, les unes fertiles, peuplées, prospères, pourvues de toutes les commodités de l'existence, qui furent dévolues aux résidents civils ; les autres, désertes, ingrates, éloignées, malsaines, qui restèrent, pour deux ans encore, l'apanage des résidents militaires (1). C'était le triomphe du parti qui avait tué avant sa naissance le 5me tonkinois, et l'avait remplacé par la création d'une milice indigène, et qui faisait dire en plein conseil colonial à M. Richaud, accusé de sympathies pour l'armée et de relations avec ses chefs : « L'armée ! elle avait tout avant mon arrivée : aujourd'hui elle n'a plus rien ; voilà comme je l'aime et la favorise ! » (Séance d'ouverture de la session du Conseil colonial en 1889.)

La sourde hostilité qui existait entre les militaires, jaloux de gouverner leurs conquêtes, et les civils, jaloux d'en profiter, éclata dès lors au grand jour, et entra dans

1. Ce sont les résidences de Laokai, Sonla, Caobang, qui n'ont été remises aux autorités civiles qu'au mois de janvier 1890.

sa période d'acuité. Il est bien certain que l'a riculture gagnait peu à ce que ce fût un général qui présidât à ses destinées; mais les soldats perdirent beaucoup quand ce fut un ancien préfet qui décida les colonnes et en prescrivit les itinéraires.

Dans les provinces dévolues dès le premier jour à l'administration civile, l'autorité de l'action en pays conquis et même en état de siège était retirée aux militaires. Un chef de poste n'avait pas le droit de courir sus à un Chinois ou à un pirate avant d'en informer le général en chef, qui en informait le résident, qui, du fond de sa résidence, signait ou ne signait pas le « bon à combattre ». Quand l'autorisation arrivait, le Chinois ou le pirate avait tout pillé depuis longtemps et était reparti.

Sans l'autorisation des résidents civils, il n'était pas permis non plus de recruter des coolies pour porter les vivres des troupes, ou pour accompagner les colonnes de reconnaissances.

Enfin, comme l'autorité civile, pour justifier sa prise de possession, avait annoncé la pacification complète, on retira à l'armée régulière, et on donna aux milices civiles, le droit de poursuivre, non pas les rebelles, car, par décret, il ne devait plus y en avoir, mais les voleurs de bœufs qui désolaient seuls le pays. Ces milices, admirablement composées d'anciens tirailleurs, de nhaqués, de quelques membres de familles aisées, mais insuffisamment commandées par des cadres incomplets et recrutés on ne sait où, se sont toujours ressenties de la précipitation et du décousu de leur organisation ; quand on leur a appris à bien se battre, elles ne sont jamais arrivées qu'à être bien battues.

Dès lors, les moindres civils marchèrent sur le haut du pavé. Il y en a cependant ici plusieurs qui sont au Tonkin par une autre volonté que la leur. Il importait peu : ils étaient dès lors confondus dans la générale admiration mutuelle. Tout leur devint permis ; les plus petits agents devinrent des personnages, et les colons, possesseurs de conseils, de barreaux, de tribunaux et d'une dette coloniale, crurent au retour de l'âge d'or.

Quant à nos troupes, on les dissémina sur

des territoires immenses, qu'elles n'avaient pas la force de garder, où la maladie, les privations et les fatigues ne tardèrent pas à les atteindre et à les inutiliser ; et, par suite, on laissa aux capacités civiles le soin de terminer cette pacification que leur seule présence devait mener à bien.

* *

Tout d'abord, la passion qui suit toujours les nouveaux arrivants au pouvoir, c'est-à-dire l'orgueil, avait saisi nos résidents, vice-résidents, quarts de résidents, chanceliers, commis et autres. Il n'y avait petit veston devant lequel ne dussent s'incliner nos vieilles barbes de conquérants. Cette propriété d'humilier l'uniforme par droit de bourgeoisie fut même conférée aux Annamites. Il fallait bien montrer que le temps du général de Négrier était passé. En conséquence, les mandarins furent invités à transmettre aux résidents les doléances qu'ils pouvaient avoir à faire contre les chefs de poste et les officiers. Ils ne s'en privèrent pas, et trois ou quatre officiers furent punis, sans être entendus, sur des délations annamites. Le quanphong, ivre d'orgueil, refusait de donner un guide à un capitaine égaré par là, et, prétextant que sa dignité était plus élevée dans la hiérarchie annamite que celle du capitaine dans la hiérarchie française, refusait de le recevoir; l'officier força la consigne et fut puni pour avoir troublé le farniente du mandarin.

Quelques reconnaissances militaires furent encore faites à cette époque; ce furent les dernières : l'esprit avait changé; le célèbre Nguyentien, ami et zélé défenseur du Bogiap, avait été incarcéré par l'autorité militaire; on faisait son procès; il allait être pendu; un résident le fit extraire, et le nomma quamphû de Lamtao.

Malheureusement d'autres faits vinrent à la rescousse : on avait voulu montrer que le temps de Négrier était passé; on ne le montra que trop. Les premiers voleurs de bœufs qui furent rencontrés par nos milices les battirent à plate couture. Il y avait longtemps qu'une aussi complète déception ne s'était produite. Ce fut comme un signal général ; les provinces qui n'avaient jamais été bien tranquilles, comme celles de Bacninh et de Haidzuong, la région du Tamdao, le Baysay, devinrent la proie d'une quantité de pillards. Les Mans sortirent de nouveau de leurs retraites du Bavi, où depuis un an la peur les tenait enfermés ; et on eut de nouveau le plaisir de ne pouvoir sortir de Hanoï, de Sontay ou de Hunghoa, sans risquer d'avoir la tête coupée. En près d'un mois quatorze combats furent livrés, qui furent quatorze surprises à notre détriment, et dont les morts seuls se tirèrent avec honneur (1). Ceci se passait précisément à l'époque où les Chambres françaises discutaient les crédits de Tonkin. Leur séance

1. En voici quelques-uns :
28 septembre 1888. — Surprise d'un convoi entre Huongson et Yenra.
Octobre 1888. — Assassinat de M. Nicolas à Luongthai.
Novembre 1888. — Incendie de Ngocky ; attaque du convoi Oberg, à la Cacba ; surprise de Monkay.
Décembre 1888. — Surprise de Thanlung et Quangoai. Mort de Maguin et de Doucet ; surprise du dedoc Thanh, à Anvi ; surprise du doc Xien, à Phulo ; surprise du convoi Bourgoin-Meiffre, à Suiganh ; pillage de Gom ; surprise du poste de Yenphong ; combat de Myhao ; mort du capitaine Reynier, etc., etc.

produisit en Indo-Chine un effet désastreux et l'argumentation des orateurs ne rencontra pas un approbateur. Il ne doit être permis de suspecter la bonne foi de personne, mais celle des préopinants du jour avait certainement été surprise et l'ignorance complète de la situation perçait dans tous leurs discours.

Quoi qu'il en soit, au mois de janvier 1889, la route de Hanoï à Hunghoa n'était pas sûre; les têtes s'y coupaient comme le riz; on ne revenait de Langson que sous la protection de fortes escortes; Bacninh et Haidzuong étaient en état de guerre civile; quant aux environs de Vietri, jadis si calmes et si riches, tout était dévasté. Lienson était perpétuellement attaqué; Lamnuyen était un repaire de bandits; Ngocky reprenait son ancienne réputation; la province de Thainguyen était en révolution; les mandarins du Song-Day tremblaient, réclamaient des postes et des colonnes; le quauphu de Vinhtuong eut la tête tranchée. Aux portes mêmes de Hanoï, une reconnaissance de quinze Européens, commandée par un lieutenant d'infanterie de marine, fut égorgée tout entière. Partout où les milices rencontraient les rebelles, elles succombaient, honorablement mais désastreusement, sous le nombre.

**

Il est avéré que c'est la pauvreté, ou l'ambition de richesses plus considérables, qui fait les rebelles. La résidence générale prit un moyen singulier de les réduire. Quand un village était convaincu d'avoir, même involontairement, reçu des pirates, il était brûlé. Les habitants, privés dès lors de toutes ressources, n'avaient d'autres recours, pour ne pas mourir de faim, que de se joindre aux pirates détestés et de former de nouvelles bandes. C'était vraiment mal faire de mauvaise besogne, et nous ne pouvions pas mieux travailler pour nos ennemis.

Ce système de répression ne pouvait d'ailleurs aboutir qu'au désordre. Nous poursuivions trop de monde pour atteindre quelqu'un. Les indigènes, voyant notre peu de succès et l'inefficacité de notre protection, venaient bien dénoncer les pirates pour en être délivrés ; mais ils les avertissaient de notre arrivée, et les aidaient à fuir, pour se les concilier et éviter des représailles.

Cette disposition ne fit qu'aggraver nos insuccès ; pris de dépit par la mauvaise volonté apparente des indigènes, nous punissions, après le départ des pillards, le village pillé. Sous prétexte de contrôle, nous nous introduisions partout, à toutes les heures, et exercions un système d'interrogatoires et de vexations insupportable pour des gens qui ont l'horreur du dérangement et des formes judiciaires. Ces incursions continuelles et sans résultat nous aliénèrent l'esprit du peuple, qui se mit à nous craindre. Il eût fallu, au contraire, frapper d'amende les villages favorisant les pirates, au besoin faire un grand exemple, mais ne pas s'agiter en pure perte, courir perpétuellement les grands chemins et revenir bredouille. Nous eussions ainsi fatigué et diminué les maraudeurs, intimidé et ramené les indigènes (1). Ce fut le contraire qui arriva.

1. Ces bonnes dispositions furent enfin prises, à la fin de 1889, par le gouverneur général actuel.

Le résultat d'ailleurs ne se fit pas attendre. Il y avait autrefois trois grandes bandes, celles du Thanhoa, de la rivière Noire et des montagnes du Caobang, que le Bogiap, Deovantri, et le caikinh commandaient non sans talent, qui pouvaient passer pour des armées, et avec qui des opérations régulières n'étaient pas de trop. Bogiap était mort, Deovantri était soumis, le caikinh était prisonnier; on vit s'élever vingt chefs de petites bandes, doïs, dedocs, etc., sans valeur, mais voleurs de grands chemins, et non pas voleurs de bœufs. La résidence annonçait de temps en temps la soumission de l'un d'eux; chaque soumission était une calamité; le chef soumis avait au moins deux lieutenants, qui devenaient chefs à son départ, et tiraient chacun de son côté; la rébellion était comme l'hydre: on lui coupait une tête, il lui en renaissait deux. De plus ces chefs jouissaient d'une révoltante impunité. Non contents d'avoir à leur dévotion les fonctionnaires annamites, qui se dérangeaient pour les informer de nos faits et gestes, ils s'approchaient des villes et s'y promenaient sans le moindre incognito. Le célèbre Caïcô, chef des Mans rebelles du Bavi, venait tous les dix jours aux marchés de Sontay ; la résidence le savait et ne fut capable de le prendre que plusieurs mois plus tard.

La latitude laissée aux civils non fonctionnaires ne portait pas non plus de bien beaux fruits ; ce n'étaient que scandales entre colons, et le tribunal de Hanoï retentissait du bruit de leurs disputes. A force d'exactions, ils soulevaient l'Annamite lui-même. L'un d'entre eux, qui s'était imaginé de les empêcher de traverser leurs fleuves sauf rétribution, fut assassiné en plein Baysay. Un autre, qui avait jadis eu maille à partir avec l'armée, s'installa à Hayang, et de là fit passer aux Chinois et aux rebelles de la douzième région nos projets de pacification armée. On fut obligé de se saisir de ce personnage, et de l'amener à Hanoï, sous inculpation de haute trahison (1).

Tout cela faisait mauvais effet; l'âge d'or

---

1. Un troisième s'était installé sur le Bavi et exerçait aux environs le métier de bandit. Les Annamites se sont vengés de lui eux-mêmes.

n'était décidément pas revenu ; on ne trouvait pas que l'avènement du régime selon le cœur de Paul Bert eût précisément satisfait toutes les espérances. Et l'on se trouvait reporté de deux ans en arrière, sauf bien entendu la dette, qui marchait toujours à grands pas en avant. Les administrateurs civils étaient, de l'aveu de tous, bien mal inspirés ; mais ils avaient sans doute lu Horace et son *Impavidum*. Les tuiles qu'ils recevaient sur la tête ne la leur faisaient pas baisser, et ils conservaient au milieu de la tempête le visage impassible qui est l'apanage du philosophe, et la suffisance insurmontable que le génie seul partage avec l'ignorance.

***

Les vols d'armes se multipliaient. On avait beau faire des salles d'armes, spécialement gardées, mettre les fusils dans des râteliers cadenassés, rien n'y faisait. On gagnait les sentinelles indigènes ; on trompait, on endormait parfois les sentinelles européennes ; et les armes démontées sortaient pièce par pièce des râteliers fermés et des chambres verrouillées.

Les surprises des convois, des escortes, des voyageurs se renouvelaient de plus en plus fréquemment, toujours couronnées de succès. Les autorités aux abois ne savaient que penser. C'est alors que le général en chef conçut la circulaire 773, qui, en sa qualité de confidentielle, devint immédiatement célèbre. Cette circulaire attribuait nos insuccès aux Européens déserteurs, particulièrement à ceux des compagnies de discipline, et les accusait de fomenter des troubles et de recruter des bandes. On se fait difficilement à l'idée de voir quelques piètres soldats, échappés tout nus, tenir en échec les troupes d'occupation, et tromper l'expérience militaire de trois généraux. Il est permis de croire que cet aveu d'impuissance manquait d'opportunité. C'était d'ailleurs une accusation odieusement injuste. Il y avait des déserteurs chez les rebelles, mais c'étaient des déserteurs tonkinois; chaque fois qu'un Européen a déserté, il a eu la tête coupée, ou a été tenu prisonnier, ou a été ramené, sous escorte de réguliers chinois, entre les mains des autorités françaises (1). Le général en chef lui-même ne croyait pas un mot de sa circulaire. On essayait, mais en vain, de céler la vérité et de donner le change à l'opinion. La vérité est que nous avions devant nous, non pas quelques déserteurs mécontents, mais le peuple du Delta, révolté de nos rigueurs passées et enhardi de nos faiblesses actuelles.

Le besoin d'un grand coup se faisait sentir; la fameuse colonne Chochu-Chomoi, revenue des calendes grecques (2), fut mise à l'ordre du jour, et confiée au général Borgnis Desbordes. On confondait ainsi volontairement les Chinois, vaincus par le colonel Servière, réfugiés là, avec les rebelles du Delta. On faisait mine de croire que les uns ravitaillaient les autres, et les réconfortaient après leurs expéditions. Il y avait environ trois à quatre cents rebelles, très bien cachés sur le Namchu, et défendus par une ligne de rochers naturels. Le général Borgnis Des-

1. Voir les dossiers de l'affaire de Clausade.
2. Voir pages 26 et 27.

bordes emporta Chomoi, où il perdit deux cents hommes, ce qui étonna si singulièrement l'opinion au Tonkin que l'on n'en avoua que la moitié en France. L'effort avait été trop considérable; le général s'en revint à Sontay, n'ayant accompli que la moitié de sa tâche. La légion fut chargée d'enlever Chochu, qui ne fut que maigrement défendu; quinze jours y suffirent.

La résidence croyait les rebelles atterrés. Quinze jours après la prise de Chochu, les assassinats, les révoltes, les incendies recommencèrent; et, en mai, le champ de meurtre où Maguin et Doucet avaient trouvé la mort, fut de nouveau ensanglanté de sang français. C'était la preuve la plus claire que les Chinois n'étaient pour rien dans les troubles intérieurs, et que les répressions accoutumées étaient désormais impuissantes pour calmer le désordre politique et les effervescences populaires.

Tout cela ne pouvait guère durer, et un étrange spectacle, dont le résident supérieur régala Hanoï, mit fin à cet état de choses déplorable. Le doï Van, un bandit célèbre, venait de faire sa soumission. Il était évidemment inutile que M. Parreau le reçût comme César fit à Vercingétorix, avec plusieurs mètres de chaînes de fer. Mais on fournit au doï Van une entrée triomphale à Hanoï; il y vint à cheval, entouré d'une garde particulière; derrière lui le résident de France et le vice-roi du Tonkin, en costume d'apparat, marchaient en serviteurs empressés. Trois cents pirates, sabre au clair, les fusils chargés sur l'épaule, défilaient en pompe par derrière. Ce soir-là, si le doï Van avait voulu, Hanoï était mis à feu et à sang, et la colonie française exterminée. On lui fit voir, toujours dans le même cortège, les beautés de la capitale; on l'initia aux merveilles de la civilisation, au secret du télégraphe. On lui donna de beaux appartements; à chacun des hommes de sa garde on fit cadeau d'un fusil et de munitions. Le lendemain, il n'y avait plus de doï Van ! Pendant la nuit, heureux de s'être *payé notre tête*, il avait levé le camp avec sa garde, ses pirates et ses fusils. Le résident avait une singulière posture, qui, de grotesque, devint lamentable, lorsqu'il apprit que le maire et le conseil municipal de Hanoï avaient réclamé au ministère contre la fantaisie, au moins bizarre, qui avait mis la capitale du Tonkin à la disposition et à la merci d'un pirate. Cette réclamation servit de prétexte à un balayage général de fonctionnaires. Le gouverneur général d'Indo-Chine, le résident général d'Annam, le résident supérieur au Tonkin furent rappelés en France, et purement relevés de leurs fonctions, sans autres formes que celles du langage impersonnel de la télégraphie.

,

Ce fut le gouverneur général actuel qui eut idée de confier la répression du Baoday et la prise définitive du doï Van au tongdoc de Bacninh, le khamsai Hoangcaokhai. Cette idée était pratique. Le khamsai, démonétisé auprès du Comat, devenait notre âme damnée ; la campagne ne coûtait rien, puisque les milices vivaient sur des villages qui s'étaient toujours refusés à payer l'impôt.

Au khamsai, une colonne militaire fut adjointe, qui, en parcourant le pays, empêcha la réunion des anciennes bandes du doï Van. Le résultat fut heureux ; mais nous le payâmes cher; les combats du 28 août, du 3 et du 15 septembre 1889, particulièrement l'échauffourée de Thuonglam, coûtèrent la vie à six officiers. Doï Van, traqué de toutes parts, fut enfin pris et envoyé à Hanoï, où il fut exécuté à la façon des traîtres, malgré l'intercession singulière de M. Colomer, évêque espagnol de Bacninh, qui, pour sauver ce brigand, alla jusqu'à menacer le résident supérieur d'un soulèvement général de la province.

Il ne restait plus guère qu'une campagne d'hiver à faire. Voici pourquoi. — Une bande de pirates, installée dans le Locnam, avec Deogia pour centre, était, grâce au voisinage de la frontière, en correspondance réglée avec les exilés, les Chinois et les bandes d'avant la conquête. Ceux-ci leur passaient des armes et des munitions, et leur réclamaient de l'argent et des femmes. La bande du Locnam envoyait des affiliés de l'autre côté du Song-Thuong, dans le Baoday, aux bandes du doï Van, du doï Tich, etc., qui, placées à proximité des plaines fertiles, se chargeaient des razzias, et servaient d'intermédiaires pour distribuer les armes à tous les petits rebelles du Delta. On a ingénieusement comparé cette organisation à une société commerciale, avec commis-voyageurs et clients. Les commis-voyageurs, c'est-à-dire les bandes du Baoday étant dispersées, il suffisait dès lors de s'emparer du siège social pour porter à l'institution un coup mortel. Tout était prêt pour la campagne du Deogia, lorsque le gouverneur général ordonna repos absolu aux troupes pour l'hiver, et chargea un M. Damade, ex-sous-lieutenant de réserve, de faire, avec quatre cents miliciens, l'ouvrage pour lequel il n'avait eu confiance ni dans les généraux, ni dans les troupes d'Afrique. M. Damade, après deux combats malheureux, fut obligé de se cantonner dans sa résidence, et les bandes de Deogia eurent libre carrière dans le Locnam. Ce sont elles qui, au commencement de l'année 1890, ont enlevé les Européens de Dongtrieu. D'ailleurs, pour toute cette singulière campagne, il est bon de s'en rapporter aux articles très avisés de l'*Indépendance tonkinoise* de Hanoï, un journal qui porte bien son nom.

Il serait évidemment futile de prétendre que l'élément civil fait exprès de répandre l'anarchie dans un pays qui lui a été si difficilement arraché; il serait inexact de dire que, parmi les efforts tentés, quelques-uns ne soient pas vigoureux, et ne témoignent pas d'une certaine intelligence de la situation. C'est bien le moins, quand on réclame pour soi la responsabilité d'une charge, de pouvoir en envisager parfois, sans faiblir, toute la portée. Mais il faut dire qu'il y a eu parfois, de la part des militaires, un désintéressement trop absolu des affaires qu'ils ne dirigeaient plus, et de la part des civils trop grande hâte à prendre les rênes du gouvernement; ces rênes réfrénaient un cheval encore mal dompté, dont des poignets de soldats eussent pu seuls contenir les écarts.

Il est certain que le Tonkin était depuis fort longtemps guetté par une foule de désœuvrés, ambitieux d'endosser un habit brodé de dessins quelconques ; que ce pays paraissait devoir être un débouché à nos fonctionnaires, avant d'en être un à notre commerce, et que ses nombreux et miroitants avantages étaient un sérieux appât pour nos jeunes affamés, comme pour les respectables épaves de nos débats parlementaires. Le Tonkin devait illuminer le commencement de la carrière de nos beaux-fils, et refaire une virginité à ceux que nos luttes avaient trop vigoureusement froissés. Derrière son mirage, à l'abri de sa distance, c'était un bon raccommodeur d'anciennes renommées, et une excellente couveuse de renommées nouvelles. L'attrait de l'imprévu, le plaisir des voyages, les émoluments considérables, l'accès facile à toutes les branches de toutes les carrières, le pillage matériel, intellectuel et moral de cette terre et de ces intelligences, à nous inconnues, telle était la proie attendue avec impatience, et due légitimement, semblait-il, à d'intéressants membres de la jeune génération, qui n'avaient guère comme titres que leur franche, mais peu dangereuse, déclaration de principes, et comme science, que la bonne parole de 89.

Inutile de faire remarquer, bien entendu, que si les postes inférieurs furent dès lors la curée de pas mal de fruits secs, du moins des esprits élevés, des intelligences hardies, des caractères bien trempés, furent mis souvent à la tête des résidences et des fonctions principales, et que, s'ils n'ont pas toujours réussi, c'est que la bonne volonté et même parfois le talent ne suffisent pas à dominer toutes les circonstances.

L'inauguration de ce régime ne cadrait pas avec l'occupation militaire. Les militaires, imbus d'idées singulières, n'admettaient pas que l'on cherchât l'ennemi pour l'évangéliser et ne pas le combattre. Ils se moquaient de tous les principes qui n'étaient pas dans leurs théories et ne pouvaient croire que l'on fût venu au Tonkin pour s'amuser ou y semer les doctrines humanitaires. Ils faisaient de la pacification à coups de fusil, ne recevaient guère de soumissions, gardaient la parole donnée, nommaient des soldats à tous les postes de la hiérarchie, étaient peu aimés, mais fort estimés, et craints davantage.

Le temps était venu, pensait-on, où, des durs labeurs passés, devaient germer le succès, la paix, le bien-être, et par conséquent les honneurs multiples et les récompenses nationales. Il était donc temps que les militaires, qui avaient procuré la paix, cédassent la place aux civils, si ceux-ci voulaient arriver à temps pour en jouir et lui faire porter ses fruits. Mais la substitution se fit trop tôt, et la table n'était pas encore servie quand arrivèrent ceux qui avaient si faim.

Ils apportaient avec eux ce bagage de générosité, de fraternité, de civilisation et de miséricorde dont l'aïeul Rousseau a tant parlé, et dont l'aïeul Robespierre s'est si peu servi. Ils voulaient, chose qui faisait honneur à leur cœur plus qu'à leur intelligence, le mettre en pratique envers et contre tout. Or, il n'est pas facile de mettre ces sentiments délicats à la portée du peuple annamite, qui est esclave ou tributaire depuis l'ouverture de ses annales, qui n'admet comme pénalité que le bâton ou les supplices, et qui méprise celui qui ne sait pas frapper. L'intelligence annamite ne pouvait pas du premier coup comprendre ce qu'a de grand celui qui peut battre et qui ne fait que réprimander. Il fallait, sinon toujours, du moins longtemps, conduire ce peuple comme il avait l'habitude de l'être, avec une main de fer.

En admettant même que cette race fût plus forte et moins démoralisée, il fallait se rappeler les enseignements de l'histoire. L'Arabe a le caractère plus élevé que le Chinois; cependant il a fallu trente ans de répression et de gouvernement militaire pour faire de l'Algérie une colonie sortable, une seconde France; et si notre royaume méditerranéen est mûr aujourd'hui pour le régime civil, c'est au long exercice du régime militaire qu'il le doit.

L'Indou est plus cultivable que l'Annamite; cependant l'Angleterre n'a pas apporté aux Indes ses établissements philanthropiques et ses principes de charité luthérienne; elle y a envoyé pas mal de sabres, et quelques gens qui, comme Clive et Hastings, ne craignaient pas l'odeur du sang. On arguera que l'Inde s'est révoltée; mais la révolte a été comprimée et la plus belle colonie du monde acquise. Si l'on avait eu aux Indes un régime d'indulgence, Nana Sahib n'en aurait pas moins existé; seulement il n'eût pas trouvé devant lui la répression vengeresse, et, au profit de l'histoire ensanglantée des Indes libres, la conquête anglaise tout entière aurait disparu dans le puits de Cawnpore.

Malheureusement, ces exemples pratiques n'étaient rien pour nos gouvernants frais débarqués. L'amitié pour un peuple qui ne comprend pas même l'affection de famille, la générosité envers les pires des menteurs et des traîtres, la douceur envers des gens qui n'usent entre eux que du roï (1), telles sont les qualités désastreuses qu'ils voulaient mettre, et que malgré tout ils mirent en vigueur, au grand détriment de nos intérêts et de notre dignité.

***

Ils arrivèrent, avec leurs muscles d'éphè-

1. Roï : verge des supplices.

bes, au milieu d'un travail d'Hercule. Ils eurent dès lors un double tort : celui d'abord de ne pas se retirer et de laisser achever cette besogne pour laquelle ils n'étaient pas faits ; et le second, de descendre dans l'arène, l'olivier à la main, pour séparer des combattants non encore assouvis. Le baiser Lamourette donné en leur présence, ils changèrent l'olivier contre le laurier, et se couchèrent dessus. Ce qu'ils étaient venus faire, c'est-à-dire vivre en administrateurs paisibles au milieu des louanges universelles, ils le firent malgré les circonstances les plus graves, et le rideau rouge tendu sur les fêtes d'Annam cacha à leurs yeux satisfaits les incendies mal éteints et les révoltes renaissantes.

Ce faux état de sécurité ne dura guère; mais il dura trop pour la paix du pays. Jusqu'en septembre 1888, aucun fait éclatant ne se produisit; des symptômes graves éclairaient les esprits, mais ne parvenaient pas à jeter hors de leur apathie ceux qui étaient venus ici pour ne pas même souffrir du pli des roses. Nos dernières troupes européennes furent rapatriées juste au moment où le Tonkin venait de doubler d'étendue et où le Delta secouait notre joug. Les milices, qu'on avait doublées, auxquelles on avait adouci le service et la vie journalière, ne tardèrent pas à démentir les espérances que les gouvernants fondaient sur elles ; au premier jour du danger, elles donnèrent la preuve de leur irrémédiable impuissance. Ce fut un coup terrible pour nos nouveaux maîtres. Alors, abandonnés, de par leur volonté même, par ceux qui seuls auraient pu les sauver, réduits à leurs propres et risibles ressources, aux prises avec la défiance envahissante, avec la révolte sourde grandissant partout et tous les jours, n'osant se déjuger si vite, voyant par leur impéritie l'œuvre des autres compromise, les administrateurs du Tonkin offrirent à la curiosité publique une posture qui eût été risible, si elle n'avait pas présagé les dangers futurs. Quelle que fût d'ailleurs leur bonne volonté, il y avait trop à liquider dans le passé pour qu'un effort ou une transaction quelconque pût aboutir à un résultat; il fallait que le régime conduisît à la révolte générale, ou qu'un régime nouveau apaisât les révoltes locales.

C'est alors que, ne pouvant plus cacher les révoltes, n'ayant plus assez de troupes pour les apaiser, les administrateurs civils s'improvisèrent généraux, et, à la place des bataillons européens rapatriés, des bataillons indigènes supprimés, augmentèrent de sept mille hommes leurs troupes de milices. (Arrêtés de décembre 1889 et janvier 1890.)

C'est à cette situation fausse, causée par l'erreur qui eut Paul Bert pour auteur, Parreau pour propagateur, Richaud pour exécuteur, et le général Bégin pour victime complaisante, c'est à cette situation qu'il faut attribuer, concurremment avec d'autres raisons politiques, les changements perpétuels et imprévus qui font ressembler les palais du Protectorat à des théâtres d'ombres chinoises. Il est logiquement bien désagréable, pour des gens qui sont venus ici, convaincus qu'ils allaient gouverner un pays soumis et satisfait, de tomber au milieu d'aventures incertaines, de négociations douteuses; de n'entendre que plaintes et doléances; de ne pouvoir satisfaire personne, et de voir partout les mines attristées de ceux qui espéraient d'eux tout autre chose que le système actuel. Aussi, ne trouvant rien ici de ce qu'ils s'étaient promis, rassemblent-ils en grande hâte le peu de réputation que leur valent leurs services ; ils reviennent dans la mère patrie désenchantés, mais croyant que, seul, un fatal concours de circonstances a pu les empêcher de réussir. Ils répandent leurs idées et ceux-là qui leur succèdent par la suite arrivent porteurs d'un système préconçu avec d'autant plus de passion qu'on ajoute plus de foi aux paroles de ceux qui reviennent de loin.

Quelquefois aussi des motifs politiques, parfaitement étrangers à l'Indo-Chine, de misérables querelles primant nos intérêts vitaux, président aux choix et au remplacement de nos fonctionnaires. Et le dégoût remporte ceux qu'avait amenés l'avidité.

*
* *

Cependant, pas un système de colonisation ne reste debout; car il n'y a pas un homme qui reste assez longtemps en place pour en faire admettre un. En supposant que chacun de nos maîtres ait des idées arrêtées, — ce qui est faire, à plus d'un, un éloge exagéré, mais, pour quelques autres, une juste constatation, — et en reconnaissant que le premier ouvrage de l'arrivant est de jeter bas l'ouvrage du partant, il est facile de reconnaître que notre économie coloniale est un échafaudage de petites ruines disparates, où toutes les architectures jurent entre elles, et d'où les pièces principales sont tombées. Cet état de choses serait partout regrettable, mais ici c'est désastreux; ces palinodies, dont les Français sont si coutumiers qu'ils s'en amusent, se passent ici sous les yeux de graves mandarins, qui obéissent aux mêmes lois depuis que leur race existe, et qui apprennent leur langue dans les livres primordiaux ; ils remarquent que nous ne pouvons pas, un an de suite, garder les mêmes sentiments, ni faire observer les mêmes mesures ; que depuis six ans qu'ils nous connaissent nous avons subi plus de changements que la Chine depuis que sa muraille est construite. La stabilité est dans l'essence même des choses respectables, pour ces gens dont la race et l'empire touchent presque à la pérennité. Nous avons singulièrement perdu à leur laisser voir nos discordes et nos volte-face ; nous sommes devenus pour eux des gens inconséquents, remplis de turbulence ; ils méprisent des lois que nous n'élevons que pour les abattre, et ils nous dédaignent du haut de leur immuable science politique, à la hauteur de laquelle nous n'atteindrons jamais.

Chez le peuple, c'est un autre sentiment ; il est inquiet, et nos politiciens lui ont enlevé la belle confiance que lui avaient donnée nos soldats. A se voir un jour protégés par une circulaire, le lendemain, victimes d'un décret abusif, ils ont cessé de nous suivre de leur attention, de leurs forces et de leur argent, dans une voie où nous les engageons un jour, où nous les désavouons le jour suivant ; ils ne sentent dans leurs efforts rien qui les soutienne ; ils nous voient sans lois coloniales, sans entreprises définies, sans route tracée d'avance et patiemment suivie ; ils se détachent de nous, se replient, et attendent des jours meilleurs. Ces jours meilleurs, ils ne les espèrent pas de nous, mais de la cour d'Annam, sur laquelle nous venons de nous enlever follement tout contrôle par notre évacuation volontaire de Hué.

*
* *

On voit que ce n'était guère le moment de songer à la réduction des effectifs, et que l'on avait bien tort d'enfourcher continuellement, à propos de budget, ce soi-disant cheval de bataille qui n'est pas un dada présentable. Les calculs ont fait ressortir une diminution de l'effectif de 17,000 à 13,000 hommes. Les chiffres sont très beaux mais ne prouvent rien. Nous savons très bien que réunir à cette époque 13,000 hommes était tout aussi impossible que d'en réunir 17,000. La réduction a eu lieu néanmoins : elle a porté sur un bataillon d'Afrique que l'on a rapatrié, sur quatre bataillons de chasseurs annamites, le train et les spahis tonkinois, que l'on a supprimés (janvier 1890), et le 4º régiment tonkinois supprimé le 1ᵉʳ juillet 1890.

Donc on a été obligé de dégarnir certains postes et d'en supprimer d'autres. On a choisi pour cette suppression les pays que l'on croyait les plus tranquilles; on a rogné des cercles, remanié des régions territoriales. Trois fois en un an la carte administrative du Tonkin a été changée. Cependant tout retrait de poste paraissait aux habitants une reculade de notre part; pour eux, il faut toujours avancer, garder le terrain acquis; ils ne comprennent pas qu'une autre raison que l'insuffisance ou la faiblesse fasse volontairement abandonner un avantage; l'évacuation d'un poste, dans quelque but que ce soit, est une perte d'influence et un revers. Aussi dans les régions en question la suppression de quelques-uns de nos postes, le remplacement de certains autres par des postes de miliciens, ont amené des troubles, sourds d'abord, qu'on ne vit point, puis des révoltes armées qu'on ne vit que trop. Ces troubles eurent lieu précisément dans les provinces où les milices seules se trouvaient. On voit donc que l'idée émise par M. Richaud, de charger la force civile seule de la réduction des rebelles, n'est qu'une extraordinaire prétention qui ne doit pas sortir du domaine spéculatif où l'on relègue les conceptions hâtives des esprits prévenus.

* * *

Il se peut que l'avenir soit au gouvernement civil complet. C'est un système qui ne peut être un jour que profitable à l'Indo-Chine. Mais en reconnaissant précisément que le gouvernement doit appartenir aux administrateurs, il est à désirer que les opérations militaires restent à l'armée, et que celle-ci ne soit pas annihilée, et remplacée par des soldats civils dont le commandement hante aujourd'hui les rêves de potentat de nos gouverneurs. Il est très triste que des disputes de préséance, que la course aux honneurs, que de simples questions de personnes, viennent mettre le holà dans la marche en avant d'un peuple, parvenu à grand'peine à se tenir debout; mais l'état actuel des choses ne permet guère de penser que l'Extrême-Orient, par une heureuse exception, puisse échapper immédiatement à ces discordes irritantes et peu honorables, d'où sortent fatalement la mauvaise humeur et la mauvaise volonté de tous.

Il faut cependant envisager froidement cette éventualité possible. Dans un avenir plus ou moins rapproché, les troupes indigènes et les milices formeront la presque totalité des forces militaires de la colonie. Les rebelles auront à ce moment-là assez beau jeu; on ne pourra plus faire suivre par des colonnes les exécuteurs de la justice du Protectorat. L'état de troubles actuel subsistera donc, et les tirailleurs tonkinois ne seront pas encore assez en main pour vaincre seuls des pirates qui sont leurs parents et leurs compatriotes. Le commerce, inquiet déjà, ne s'en rassurera pas davantage et ne parcourra plus des routes qui ne lui offrent, maintenant déjà, que trop peu de sécurité. Obligés de restreindre notre action, de réduire nos transactions, nous aurons un budget de moins en moins équilibré. La métropole se fatiguera bientôt de soutenir sans succès et sans espoir de récompense, des finances sans cesse chancelantes, et nos déficits annuels s'accumulant formeront un total sous lequel nous serons écrasés. La paix n'est qu'un vain mot; la pacification entière peut seule nous sortir de l'impasse, et nous ne pacifierons rien sans militaires de profession.

Si ces militaires ont leurs coudées franches et une quantité d'unités suffisante, il est impossible que, plus ou moins rapidement, ils n'arrivent pas à bout de la besogne. Au lieu de faire brûler les villages rebelles par des gendarmes civils indigènes, on les ferait occuper par des soldats jusqu'à ce qu'ils aient payé l'amende, rachat de leur rébellion. Nous aurions partout, à côté du gouvernement, des chefs militaires dont le prestige impose, dont la parole se double de la force, et qui ne s'enivrent pas de l'orgueil des charges qu'ils remplissent. Nous habituerions les populations à nous voir sans cesse, nous ne subirions pas d'échecs qui démoralisent et qui déconsidèrent, et nous aurions cette occupation sérieuse, ferme silencieuse, qui mène tout doucement à la possession.

Alors l'Indo-Chine pourrait être remise aux services civils. Ils n'auraient plus besoin de lever des colonnes, et de faire le métier de soldats, auquel ils n'entendent rien; ils feraient le métier d'administrateur, qu'ils savent. Tout étant sauvé du danger, tout leur serait remis. Il y aurait un général en chef qui ne porterait pas plus d'ombrage ici que n'importe quel divisionnaire en France dans son chef-lieu de territoire, car il n'aurait plus que des revues à passer et des circulaires à faire. Enfin, si la fureur du fonctionnarisme existait toujours, on pourrait créer ici autant de petits emplois lucratifs que le budget et le gouverneur général voudraient bien en payer. On pourrait faire la curée d'un animal mort, et non pas d'un fauve seulement blessé. Il y aurait des primes, des places, des décorations, tout ce qu'il faut à un Français pour être heureux. Et même, comme compensation d'une si longue attente, on pourrait y mettre des préfets, un conseil général, une cour d'appel, tout ce que la hiérarchie compte de costumes extravagants, de titres sonores et de juridictions enviées.

Il nous faut en Indo-Chine un gouverneur général dont la personnalité s'impose au monde colonial et au monde politique, qui soit, comme homme, écouté dans les conseils de la métropole, et qui ne tire pas son seul lustre de la place qu'il occupe. Il faut qu'il soit un homme nécessaire, et que ses avis soient écoutés en haut lieu, comme ceux d'un homme de gouvernement. Deux fois nous avons eu le gouverneur qu'il nous fallait; c'était, la première fois, M. Paul Bert; mais il arrivait trop tôt après la conquête; son opinion ne pouvait pas se faire au milieu des événements contradictoires qui se produisaient; et il est mort avant d'avoir pu la formuler. La seconde fois, c'était M. Constans; et ce n'étaient pas les idées qui lui manquaient. Mais l'amour du gouvernement le tenait jusque dans son palais de Saïgon, et il est reparti sans nous avoir fait profiter de sa puissance. A son défaut, il est un homme, que les colons, sinon les fonctionnaires, appellent de tous leurs vœux, dont la ligne de conduite a toujours été droite et rigide, et dont la personnalité un peu hautaine se dégage, nette, au milieu de toutes les autres : M. Le Myre de Villers, député de l'Indo-Chine.

**

Je me résume : actuellement nos troupes au Tonkin souffrent; elles sont mal habillées, mal nourries, mal logées; elles occupent, dans des pays malsains, des garnisons inhospitalières, où tout travail est un danger; les hommes y meurent; ceux qui en reviennent ne sont plus des hommes. Il faut que ces garnisons lointaines soient dévolues à des troupes indigènes chargées de la protection de leur propre pays, auquel elles sont acclimatées, il faut que des effets convenables soient à la disposition des hommes, qu'une bonne nourriture les soutienne, que des casernes les logent, que des hôpitaux les reçoivent, que les postes du Delta leur soient réservés.

La piraterie règne en grand, notamment dans les provinces de Bacninh et Haidzuong, dans le Baodai et le Lochnam, depuis que l'autorité civile en a pris possession ; il faut y rétablir l'autorité militaire, les troupes sérieuses, et donner la chasse aux pillards. Il faut que cet essai infructueux de gouvernement civil au milieu des pirates porte ses fruits, et que, longtemps encore, jusqu'à la pacification complète, l'autorité militaire prédomine dans les régions menacées du Tonkin.

La tâche est lourde ; les troupes actuellement existantes y suffisent à peine, on en a trop supprimé déjà. Si on ne peut les renforcer, il faut tout au moins les y conserver entières ; si leur entretien grève le budget, il faut chercher des économies ailleurs. Nous avons trop de rouages administratifs ; il faut en supprimer quelques-uns. On obtiendra ainsi la réduction demandée au budget général sans diminuer en rien la position de ceux qui restent.

Les impôts sont peu fructueux ; il faut augmenter les postes douaniers, c'est-à-dire donner aux chefs de poste les droits de chefs de douanes. Il faut que le protectorat touche par lui-même ses impôts et qu'il supprime les monopoles accordés à des gens en somme peu intéressants ; il faut qu'il interdise les jeux au lieu de les taxer, qu'il frappe d'amende les contrées rebelles au lieu de les ruiner.

Le voisinage du Siam, la communication avec la Cochinchine par le Mékong peut nous servir. Il faut occuper le Laos, avec le pays intérieur et la suzeraineté de tous les peuples entre Annam et Siam, sans annexion aucune. Il faut que, sous notre loi, ces peuples payent tribut, et lèvent des troupes pour se garder eux-mêmes.

Il faut qu'une direction unique, solide, de longue durée, et surtout personnelle, influe sur les affaires du pays ; il faut qu'un gouverneur général d'Indo-Chine soit aussi sacré aux renverseurs de ministères que devrait l'être un ministre de la guerre ; il faut qu'un projet, une fois conçu, une fois commencé, soit poursuivi et mené à bonne fin ; il faut que nous sachions sur qui et sur quoi compter pour que les autres puissent compter sur nous-mêmes ; que nos résidents préfèrent les Français aux autres Européens et aux indigènes ; que le respect soit ordonné vis-à-vis du colon, et que par conséquent le colon soit respectable.

Il faut que, à toute minute, le Tonkin se rappelle qu'il a et qu'il aura une grosse dette à payer, sous peine de ruiner la Cochinchine et lui-même, et de rendre inutiles les efforts faits depuis trente ans pour nous constituer un royaume d'Extrême-Orient; il faut que l'on soit convaincu que, en trois ans, le Tonkin, géré par nous, peut éteindre cette dette. Donc, il faut administrer nous-mêmes les affaires financières du pays. Il faut chasser les mandarins, qui pressurent le peuple et nous font haïr de lui. Il faut percevoir pour nous l'argent que, grâce à nous, l'empire produit, et y prélever d'abord ce qui nous revient, avant de l'envoyer en pâture aux futiles caprices des rois d'Annam. Il faut être convaincu que si cela n'est pas fait, la banqueroute est là qui nous guette à courte échéance.

**

Ou bien, il faut évacuer le Tonkin.
Cela n'est pas possible; cette terre est deve-

nue nôtre; elle a bu trop de nos sueurs, de nos larmes et de notre sang; elle a dévoré trop de nos richesses, trop de nos soldats. On ne rend pas un sol sous lequel dorment vingt mille braves hommes de France, un sol que nous avons conquis, parcouru, défendu, et où les petits enfants parlent déjà notre langue. Trop de germes généreux sont, de par nous, enfouis dans cette terre, pour qu'une moisson splendide n'en sorte pas un jour. Il n'est pas un de nous, qui, pour cette espérance, n'endure avec joie les privations, les fatigues, les maladies et la mort qui les couronne. Il n'est pas un de nous qui ne demande à la France, pendant que nous peinons pour la faire plus riche et plus glorieuse, une paisible attente, et la tranquille observation de nos travaux, ce qui ne coûte rien; ce qui, à en croire Lucrèce, est même agréable. Il ne sera pas dit que, faute d'une décision opportune, ceux qui gouvernent notre pays nous laisseront dépenser notre temps et nos forces à tourner dans le cercle vicieux du Protectorat, pour aboutir à la honte de la faillite et de l'abandon.

Ceux qu'un coup politique a involontairement amenés ici ont pris leur tâche à cœur, et ne subiront pas l'ignominie d'évacuer sans défaite un pays conquis par tant de victoires. Ils savent que l'argent manque, que, bientôt, ce grand ressort faisant défaut, la machine entière va craquer; mais ils espèrent dans le remède simple et définitif qui est à la portée d'un vote de la Chambre et d'une compagnie de légionnaires.

L'argent, faute duquel nous allons périr, coule à flots entre nos doigts ouverts, pour s'engloutir dans des caisses scellées et des souterrains mystérieux. Laissons le thésauriseur inconscient s'endormir, la clef du trésor à la main; mais que le Pactole change son cours, et que les millions qui disparaissent à ne rien faire servent à payer la dette d'abord, à faire ensuite, non pas un protectorat, mais une colonie prospère, florissante et rapportant bénéfices et richesses à la métropole. Ce serait un cas qui vaut bien que l'on se passionne, ne fût-ce que pour sa nouveauté.

L'éternelle objection ne peut prévaloir, de

la personnalité impériale. L'empereur d'Annam est assez riche par lui-même pour vivre autrement qu'aux dépens de son peuple; et ne le fût-il pas assez, il vaudrait mieux le nourrir à ne rien faire, comme les Anglais font avec certains rajahs, que d'avoir à entretenir ses 14 millions de sujets. Dongkhank était un jeune inutile; son successeur a dix ans, et il les a passés en prison; il ne connaît pas son peuple, il n'en est ni connu, ni aimé. Elevé dans l'ombre, il est à la merci d'un coup de plume et d'un coup de théâtre. Que la révolution de palais ait lieu à notre profit. La France a fait craquer ailleurs assez de monarchies pour laisser crouler un trône des pays chauds; et l'Europe est trop occupée des Romanoff, des Hohenzollern et des Bourbons, pour s'inquiéter de la disparition des Nguyen.

* * *

Puis, l'ajouterons-nous? comme le créole aime le soleil qui lui cuit les membres et lui envoie la fièvre chaude; comme l'amant aime la maîtresse qui le torture, nous aimons ce pays que l'on dit maudit. Si ingrat qu'il soit, nous nous y sommes attachés comme à notre œuvre, comme à l'œuvre faite en commun par une infinité d'obscurs travailleurs. Peut-être même une colonie plus riche, plus sûre, et qui nous dût moins, nous tiendrait-elle moins au cœur. Ici, tout a été fait par nous, nous sommes le sang nouveau d'Annam, de ce grand corps, naguère prêt à tomber; malgré les circonstances difficiles, nous l'avons revivifiée, et, sous notre impulsion puissante, nous sentons une vie nouvelle frémir dans cet Extrême-Orient moribond. D'autres iront chercher dans leurs intérêts politiques de spécieux et brillants mensonges; pas un observateur consciencieux ne niera le résultat acquis : l'œuvre est debout.

Notre acclimatement physique ne se fera sans doute pas; l'acclimatement intellectuel est chose accomplie ; les froidures d'hiver nous rappellent le pays natal; les torrides étés nous endorment dans leurs chaleurs maternelles; le corps aspire avec joie les effluves balsamiques, parfois mortelles, des forêts vierges. Il y a, à la longue, dans ce grand pays triste et anémié, dans ces arroyos terribles, dans ces montagnes sauvages, désertes et froides, je ne sais quoi qui nous empoigne et qui nous fait, même dans l'abondance qui les suit, regretter les privations passées. Les trente mille hommes qui sont venus ici, avec le caractère assimilable du Français, s'y sont faits bien vite et pas un d'eux n'a, sans tristesse, même après l'avoir souhaité, perdu de vue les pagodes devenues familiales. La nostalgie de l'Orient, même de cet Orient maladif, pince au cœur les partants volontaires et involontaires. Ce pays, sorti naguère de nous, a conquis ses créateurs.

Le Tonkin et l'Annam ne sont plus des terres étrangères; nous sommes ici chez nous; à quelques hasards que doivent nous livrer les calculs d'une politique égoïste et changeante, nous y serons tant que l'argent ne nous fera pas défaut. Le fait de donner à la France un territoire immense, avec les moyens de le rendre productif, l'armée coloniale l'a accompli, sans espoir d'aucune autre récompense que celle de sa conscience satisfaite. Peut-être les moyens de faire de cet empire une colonie prospère ne seront-ils pas employés; peut-être l'avenir nous réserve-t-il des déboires sans nombre. Car ce n'est pas qu'aux soldats qu'il incombe des devoirs, et ce ne sont pas les leurs qu'il reste à accomplir. Mais ceux-là qui nous infligeront ces déboires, qui peut-être nous imposeront ces hontes, ne pourront excuser leur égoïsme ni sur l'insuccès ni sur l'inutilité de nos efforts. Le pays où nous avons triomphé, où nous avons souffert, où nous laissons nos morts, garde et gardera toujours quelque chose de nous.

TABLE DES MATIÈRES

CHAPITRE I
LE TONKIN OU L'ON S'AMUSE

Les extensions de 1888. — Haïphong. — L'affaire Oberg. — Hanoï. — La vie dans les postes. — Un village annamite. — Lamtao et Vinhtuong. — La topographie au Tonkin. — La pagode de Quangoaï. — Une chasse au pirate. — Les supplices. — Un coup de canon. — Les routes de Chochu.................................. Pages 7 à 57.

CHAPITRE II
PAYS ET PEUPLES OCCIDENTAUX

La rivière Noire. — Sonla. — Les Hôs. — Les Sédangs. — Mayréna. — Le quanphong. — Les peuples montagnards. — Les douanes de J. Dupuis. — Les peuples du Sud. — Le sol des seize chaûs. — Les mines du Tonkin. — Religions et habitations. — Nos amis les Méos............ Pages 59 à 99.

CHAPITRE III
LES EUROPÉENS AU TONKIN OCCIDENTAL

Les reconnaissances. — Les casernes. — Le ravitaillement. — La route de terre. — Les pirogues de la rivière Noire.— Les comptes administratifs.— La famine. — Les hôpitaux. — Nos médecins. — La mortalité...................... Pages 101 à 142.

CHAPITRE IV

MISSION PAVIE. — NOTRE POLITIQUE D'INTERVENTION AU LAOS ET SUR LE MÉKONG

Deovantri. — Les membres de la mission. — Le quanphong; ses linhs. — Camdoi.— Les prétentions de M. Goblet. — Deosam. — La défense de Lai.— Les nouveaux maîtres.— Les idées du général en chef. — La suppression des postes. — Pahoun. — L'ambassade de Siam. — La prise de Dienbien.— La topographie des Siamois.— La décadence du quanphong.— Les tirailleurs méos.— Huyenkhao. — La dispersion des Chinois. — La paix. — Une prétention du roi d'Annam. — La route libre du Mékong......... Pages 143 à 197.

CHAPITRE V

LES FINANCES TONKINOISES

Les dépenses du ravitaillement. — Pertes et naufrages. — Les transports. — Les dettes du Tonkin occidental.— Les caisses de région.— Les factures du quanphong. — Un mot du budget général. — Les économies.— Les douanes.— Les impôts.— Les subsides.— L'emprunt de 100 millions. — La carte à payer.— Le budget de Hanoï.— Où passe l'argent de l'Annam.—Le Protectorat..........
Pages 199 à 240.

CHAPITRE VI

LES DIFFICULTÉS DU GOUVERNEMENT COLONIAL

L'extension des frontières.— Les commandements militaires.— Les tirailleurs tonkinois.— Le service de six ans.— L'armée coloniale.— Guerre et Marine.— Le gouvernement civil.— Le retour de la piraterie. — Le Doï Van. — Les milices.— Les incendies. — La colonne de Chomoi.— Les idées des fonctionnaires. — La politique.— Les changements d'hommes et de système.— La réduction des effectifs.— Un mot d'avenir.— Possession ou évacuation.— Conclusion.. Pages 241 à 299.

CARTES

Carte générale.— Postes du Tonkin.
Carte du Tonkin occidental.
Carte de la région contestée.

Imp. du Progrès.— Ch. Lépice, 7, rue du Bois, Asnières

EXTRAIT

DU

Catalogue de la Nouvelle Librairie Parisienne

Albert SAVINE, Éditeur

PARIS — 12, rue des Pyramides, 12 — PARIS

Envoi franco contre mandat ou timbres-poste

A

***

La Triple Alliance de demain. — Les Alliés naturels
  de la France. — La Neutralité suisse, 2ᵉ édition. 3 50

Abonneau (Georges)
Cadet, de la Rousselle, 2ᵉ édition..................... 3 50

Adam (Paul)
En décor, 2ᵉ édition.............................. 3 50

Albanus Albano
Bardha de Témal, scènes de la vie albanaise, 2ᵉ édit. 3 50

Almiral (V.)
L'Espagne telle qu'elle est, 2ᵉ édition 3 50

Aurier (Albert)
Vieux, 2ᵉ édition................................ 3 50

***

L'Armée française et son budget en 1890, 2ᵉ édit.. 3 50

B

Barbey d'Aurevilly (J.)
Polémiques d'hier, 2e édition........................ 3 50
Dernières Polémiques, 2e édition.................. 3 50
Les 40 Médaillons de l'Académie française, 2e édit.. 2 »
(Voir Buet)

Barral (Georges)
Histoire des sciences sous Napoléon Bonaparte, 2e édition.. 3 50

Barrett Browning (Elisabeth)
Aurora Leigh, trad. de l'anglais, 2e édition......... 3 50

Barron (Louis)
Sous le Drapeau rouge (Guerre sociale et Déportation de 1871), 2e édition........................ 3 50

Basch (Docteur)
Maximilien au Mexique, 2e édition................. 3 50

Belon (P.) et Price (G.)
Paris qui passe, 1887, 2e édition................... 3 50

Bénigne (Ange)
Leurs Mensonges, couverture illustrée, 2e édition.. 3 50

Bergot (Raoul)
L'Algérie telle qu'elle est, 2e édition............... 3 50

Berthaut (Léon)
Veillées d'armes, poésies 3 50

Bertrand (Pierre)
Toute la Vie, 2e édition........................... 3 50

Bloy (Léon)
Un Brelan d'Excommuniés, 2e édition .... 2 »
Le Désespéré 3 50
Christophe Colomb devant les taureaux........... 3 50

Basilewitch (A. de)
Le Roman du Roi 3 50

Bonnamour (George)
Fanny Bora, mœurs parisiennes, 2e édition........ 3 50

BONHOMME (Paul)
L'Affaire de Jeufosse, 2ᵉ édition 3 50

BONNEVEAU (Alcide)
La Jungle, poésies................................ 3 50

BOISSIN (Firmin)
Jan de la Lune, 2ᵉ édition 3 50

BONTOUX (Eugène)
L'Union générale, sa vie, sa mort, son programme,
  8ᵉ mille.. 3 50

BOURGES (Elémir)
Le Crépuscule des Dieux, 3ᵉ édition 3 50
Sous la Hache, 2ᵉ édition......................... 3 50

BOURNAND (François)
La Terreur à Paris, préf. d'Armand Sylvestre, 2ᵉ éd. 3 50
Les Sœurs des hôpitaux, préface de Jacques de
  Biez, 2ᵉ édition............................... 3 50
Le Clergé sous la troisième République, 2ᵉ édition 3 50

BOYER D'AGEN
Des Hommes! série de portraits d'hommes du jour » 25

BRUYÈRES (Justin des)
Le Clergé sur la brèche........................... 2 50

BUET (Charles)
J. Barbey d'Aurevilly, sa vie, son œuvre.......... 3 50

C

CAHU (Théodore) — THÉO-CRITT
L'Europe en armes en 1889. Études de politique
  militaire, 3ᵉ édition........................... 3 50

CALLET (Auguste)
Les Origines de la troisième République. Études
  et documents historiques, 2ᵉ édition........... 3 50

A.-H. CANU et G. BUISSON
M. Paul Déroulède et sa Ligue des Patriotes, 2ᵉ édit. 2 »

CHARLIE (Robert)
Le Poison allemand, 3e édition............................ 3 50
La Bière française, 3e édition............................. 2 50
CHÈZE (Théodore)
L'Instituteur, 2e édition................................. 3 50
CHINCHOLLE (Charles)
Le Général Boulanger, 4e édition......................... 3 50
CHIRAC (Auguste)
La Haute Banque et les Révolutions, 2e édition... 3 50
L'Agiotage sous la troisième République, 2 vol., 5e éd. 7 »
Où est l'argent ? 2e édition............................... 3 50
Les Pots-de-Vin parlementaires, 2e édit............... » 50
CHOPPIN (Capitaine Henri). — DELACOUR (Charles)
L'Armée française (1870-1890), 2e édition............. 3 50
CHTCHÉDRINE
Les Messieurs Golovleff, traduit du russe, 2e édit. 3 50
CIM (Albert)
Institution de Demoiselles, 5e édition.................. 3 50
La petite Fée, 2e édition.................................. 3 50
Deux Malheureuses, 2e édition........................... 3 50
Un Coin de province, 2e édition......................... 3 50
***
La Cité future (après l'an 2000)......................... 3 50
CLARENS (Jean-Paul)
Réaction, 2e édition....................................... 3 50
COMMANDANT ***
La prise de Cherbourg, 2e édition........................ 3 50
CONSTANT (Benjamin)
Lettres à sa famille, 2e édition.......................... 5 »
CONTI (Henri)
L'Allemagne intime, 4e édition........................... 3 50
CORRE (Docteur A.)
Nos Créoles, 2e édition................................... 3 50

CORTHEY (Ad.)
Le Fleuret et l'Épée, étude sur l'escrime contemporaine, brochure in-8...................... 1 »
CORVIN (Pierre de) (NEVSKY)
Histoire du théâtre en Russie, 2ᵉ édition.......... 3 50

D

DARIEN (Georges)
Bas les Cœurs ! 1870-71, 2ᵉ édition............... 3 50
Biribi, discipline militaire, 2ᵉ édition............ 3 50
DARIEN (Georges) et DUBUS (Édouard)
Les Vrais Sous-Offs, brochure in-18 jésus, 2ᵉ édit. » 75
DARRAS (Paul)
Les Causes célèbres de la Belgique, 2ᵉ édition..... 3 50
DELACOUR (Charles). — CHOPPIN (Capitaine Henri)
L'Armée française (1870-1890), 2ᵉ édition......... 3 50
DELBOS (Léon)
Les Deux Rivales, l'Angleterre et la France, 2ᵉ édit. 3 50
DESPLAS (Philippe)
Le Tremplin, 2ᵉ édition............................ 3 50
DESPORTES (Henri)
Le Mystère du sang chez les Juifs de tous les temps, préface de Drumont, 3ᵉ édition.......... 3 50
Tué par les Juifs, brochure in-18 jésus........... » 75
Le Frère de la duchesse d'Angoulême, in-8 broché 3 50
DEYDIER (Augustin)
L'Armée, 2ᵉ édition................................ 2 »
DRAULT (Jean)
Youtres impudents !............................... » 60
DROUARD (Pauline)
En pays envahi, 1870-71, 2ᵉ édition............... 3 50
DRUMONT (Édouard)
La Fin d'un Monde, étude psychologique, 70ᵉ mille. 3 50

Dubarry (Armand)
Service des mœurs, 2ᵉ édition.................... 3 50
Du Casse (Baron A.)
Souvenirs d'un aide de camp du roi Jérôme, 2ᵉ éd. 3 50
Duvauchel (Léon)
Le Tourbier, 2ᵉ édition........................... 3 50

F

Fabre des Essarts
Les Dessous de l'affaire Gilly-Andrieux, 2ᵉ édit.. 3 50
Fastenrath (Jean)
Figures de l'Allemagne contemporaine, 2ᵉ édition. 3 50
Fidus (Journal de)
Révolution de septembre. — Paris assiégé (1870).. 3 50
Capitulation. — Commune (1871)................. 3 50
L'Essai loyal (1871-1875)......................... 3 50
Le Prince impérial (1876-1879).................... 3 50
Foucault de Mondion
La Vérité sur le Tonkin, 2ᵉ édition................ 2 »
Quand j'étais Mandarin, 2ᵉ édition................ 3 50

G

Gastine (Louis)
Le Mal du Cœur, 2ᵉ édition....................... 3 50
Gaud (Auguste)
Caboche-de-Fer, 2ᵉ édition........................ 3 50
Gay (Ernest). — Garennes (E.)
Dernière Défaite, 6ᵉ édition....................... 2 »
Ginisty (Paul)
L'Année littéraire, 1885, 2ᵉ édition................ 3 50
Gourmont (Remy de)
Sixtine, 2ᵉ édition................................ 3 50

Gourdon (Georges)
Les Villageoises, poésies, 2ᵉ édition.............. 3 50

Gras (Félix)
Le Romencero provençal, avec la traduction française littérale................................ 4 »

Grasilier (Léonce)
Causes célèbres de l'Angleterre, 1ʳᵉ série.......... 3 50

Gros (Charles)
Poèmes habituels................................. 3 50

Grigorovitch (Dimitri)
Les Parents de la Capitale, traduit du russe, portrait, 2ᵉ édition................................ 3 50

Guibert (Denis)
Le nouvel aspect de la Question romaine, 2ᵉ édit.. 3 50

***
Les Garagouins................................... 3 50

Guy-Valvor
Une Fille, 2ᵉ édition.............................. 3 50
L'Oiseau bleu, 2ᵉ édition.......................... 3 50
Sadi, 2ᵉ édition................................... 3 50

H

Hamon (A.) et G. Bachot
L'Agonie d'une société, 2ᵉ édition................. 3 50

Hoche (Jules)
Le Vice sentimental, 2ᵉ édition.................... 3 50
La Fiancée du trapèze, 2ᵉ édition.................. 3 50
Causes célèbres de l'Allemagne, 2ᵉ édition........ 3 50

Huffel (Van)
Guerre aux frais de justice, justice gratuite, 2ᵉ édit. 3 50

HUGONNET (Léon)
Chez les Bulgares, 2ᵉ édition.................... 3 50

I

IBSEN (Henrick)
Théâtre, traduit du norvégien, 2ᵉ édition......... 3 50
Drames (Rosmers holm). — Le Canard sauvage.
  2ᵉ édition..................................... 3 50

J

JUGLART (R. de)
Les Événements d'Angoulême, 2ᵉ édition 3 50

K

KIMON
La Politique israélite, 2ᵉ édition................ 3 50

KRESTOVSKY
Vériaguine, traduit du russe, 2ᵉ édition.......... 3 50

KORIGAN (Paria)
Le Tréfonds, 2ᵉ édition........................... 3 50
La Grande-Janic, 2ᵉ édition....................... 3 50

L

LAFARGUE-DECAZES (G)
ISRAEL. Son Excellence le citoyen Vénal, 2ᵉ édit.. 3 50

LAM (Frédéric)
Les Pauvresses, poésies........................... 3 »

LAMOUROUX (J.)
Un an d'exil (Boulanger), 2ᵉ édition.............. 3 50

LAROCQUE (Jean)
1871. Souvenirs révolutionnaires, 2ᵉ édition...... 3 50

LAUROY (Pascal)
Metz et le joug prussien, 2ᵉ édition.............. 3 50

Les Peintres de la vie, 2ᵉ édition.................. 3 50
Ceux de la glèbe, nouvelles, 2ᵉ édition............ 3 50
LEMONNIER (Camille)
Un Mâle, édition définitive....................... 3 50
Noëls flamands, contes, 2ᵉ édition............... 3 50
LEPAGE (Auguste)
Une déclassée, couverture illustrée, 2ᵉ édition..... 3 50
LERMINA (Jules)
Nouvelles Histoires incroyables, 2ᵉ édition........ 3 50
LERMONTOFF
Un Héros de notre temps, 2ᵉ édition............... 3 50
LE VERDIER (Henri) et NÉVROSINE
Voyage autour du Demi-Monde en 40 nuits, 2ᵉ édit. 3 50
Un Modèle vivant, 2ᵉ édition...................... 3 50
LHEUREUX (Paul)
Latapie, commis-voyageur (illustré), 2ᵉ édition.... 3 50
L'Hôtel Pigeon, 2ᵉ édition......................... 3 50
LITTAMARRE (Georges)
Les Résignées, poésies............................ 3 50
LOLIÉE (Frédéric)
Les Immoraux, 2ᵉ édition......................... 3 50
LOMBARD (Jean)
L'Agonie (Rome au IIIᵉ siècle), 2ᵉ édition......... 3 50
Byzance (VIIIᵉ siècle), 2ᵉ édition................. 3 50
LORRAIN (Jacques Le)
Nu, 2ᵉ édition.................................... 3 50
Le Rousset, 2ᵉ édition............................ 3 50
LORRAIN (Jean)
Modernités, 2ᵉ édition............................ 3 50
Très Russe, 2ᵉ édition............................ 3 50
LOYAL (François)
L'Espionnage allemand en France (1871-1887), 3ᵉ éd. 3 50
LUGOL (Julien)
Dona Perfecta, traduit du castillan par A. Savine. 3 50

Luguet (Marcel)
Elève-Martyr (le monde militaire), 2ᵉ édition...... 3 50
En guise d'amant, 2ᵉ édition......................... 3 50

M

Macaigne (Lucien)
Maître Leteyssier, 2ᵉ édition....................... 3 50

Maire (Joseph)
Les Topasines, 2ᵉ édition........................... 3 50

Marc Mario et Launay (Louis)
Vidocq, le roi des voleurs, le roi des amoureux, le roi des policiers, 3 vol. à............... 3 50

Margueritte (Paul)
Tous quatre, 2ᵉ édition............................. 3 50
La Confession posthume, 2ᵉ édition.............. 3 50
Maison ouverte, 2ᵉ édition.......................... 3 50

Marlowe (Christophe)
Théâtre, 2 vol., trad. de l'anglais, par F. Rabbe, préface de Jean Richepin, 2ᵉ édition........... 7 »
Couronné par l'Académie française

Martel (Tancrède)
La Main aux dames, 2ᵉ édition..................... 3 50
La Parpaillote, mœurs de province, 2ᵉ édition.... 3 50
Paris païen, fantaisies parisiennes, 2ᵉ édition..... 3 50

Martinez (Docteur, professeur de théologie)
Le Juif, voilà l'ennemi! Appel aux catholiques, 2ᵉ éd. 3 50

Mauvrac (Julien)
L'Amour fantaisiste, couverture illustrée, 2ᵉ édit.. 3 50

Merlino (Xavier)
L'Italie telle qu'elle est, 2ᵉ édition................. 3 50

Merson (Ernest)
Confessions d'un journaliste, 2ᵉ édition........... 3 50
Confidences d'un journaliste, 2ᵉ édition.......... 3 50

Méry (Gaston)
L'École où l'on s'amuse, 2ᵉ édition................. 3 50

Outre-Rhin, roman d'action, couverture illustrée,
2ᵉ édition.. 3 50
La Croix, autour de la Caserne, 2ᵉ édition........ 3 50

Meynié (Georges)
L'Algérie Juive, 3ᵉ édition............................ 3 50
Les Juifs en Algérie, 3ᵉ édition...................... 3 50

Mickiewicz (Ladislas)
Adam Mickiewicz, sa vie, son œuvre, 2ᵉ édition.. 3 50

Monin (Docteur E.)
Les Propos du Docteur (médecine et hygiène)..... 3 50

Moore (George)
Confessions d'un jeune Anglais, 2ᵉ édition......... 3 50

Morel (Eugène)
Petits français, 2ᵉ édition............................. 3 50

Mougeolle (Paul)
Le Règne des Vieux, 2ᵉ édition....................... 3 50

Mustel
Rallye-Dot, 2ᵉ édition................................. 3 50

N

Napoléon-Bonaparte
Œuvres littéraires, édition complète en 4 volumes
à 3 fr. 50, 2ᵉ édition................................. 14 »

Narjoux (Félix)
Francesco Crispi, l'homme public, l'homme privé,
2ᵉ édition... 3 50

Nemours Godré (L.)
Daniel O'Connel, sa vie, son œuvre, 2ᵉ édition.... 3 50
Les Cyniques, le dessus du panier, sous le pressoir 3 50

Neukomm (Ed.)
Le Voyage de Noce d'Hermann et Dorothée, 2ᵉ éd. 3 50

Métenier (Oscar)
La Grâce, 2ᵉ édition................................... 3 50
Bohême bourgeoise, 2ᵉ édition....................... 3 50

Nion (François de)
L'Usure, 2ᵉ édition.. 3 50
La Peur de la mort, 2ᵉ édition............................ 3 50

Nuc (Joseph)
De Paris à Francfort... 3 50

O

Ogier d'Ivry
Dernières Rimes de cape et d'épée.................. 3 50

Oller (Narcis)
Le Papillon, traduit du catalan, par A. Savine.... 3 50

Ors (Abel d')
La Femme aux nymphéas, 2ᵉ édition................ 3 50

P

Pardo Bazan (Emilia)
Le Naturalisme... 3 50

Pavlovski (Isaac)
Souvenirs sur Tourgueneff, portrait, 2ᵉ édition.... 3 50

Pène-Siefert (J.)
La Marine en danger, 3ᵉ édition........................ 3 50
Les Flottes rivales, 2ᵉ édition............................ 3 50

Pigeon (Amédée)
L'Allemagne de M. de Bismarck, in-8°............. 7 50

Pinard (Albert)
Madame X***... 3 50

Pisemski (A.-F.)
Théâtre choisi, traduit du russe, 2ᵉ édition....... 3 50

Poe (Edgard)
Derniers contes, traduits de l'anglais, avec portrait. 3 50

Ponsolle (Paul)
Le Tombeau des milliards : Panama, 2ᵉ édition... 3 50

Pontois (Honoré), député
Les Odeurs de Tunis, 4ᵉ édition........................ 3 50

POIRÉE (Élie)
Home Rule, mœurs irlandaises, 2ᵉ édition............ 3 50

POLONSKI (Marina)
Causes célèbres de la Russie, 2ᵉ édition............ 3 50

POUGIN (Arthur)
L'Opéra-Comique pendant la Révolution, de 1788
à 1801, 2ᵉ édition.................................. 3 50

POUROT (Paul)
Premiers soupirs, poésies, 2ᵉ édition............... 3 50
A quoi tient l'amour, mœurs parisiennes, 2ᵉ édit.. 3 50

PRICE (Georges)
Péché de jeunesse, 2ᵉ édition....................... 3 50

PUYMAIGRE (Comte de)
Les Vieux auteurs Castillans, 2ᵉ édition, 2 vol.... 7 »

***
Petit Bottin des Lettres et des Arts, 2ᵉ édition..... 3 50

Q

QUEVEDO (Salvador)
Récits Mexicains, 2ᵉ édition........................ 3 50

QUINCEY (Thomas de)
Confessions d'un Mangeur d'opium, 2ᵉ édition..... 3 50

R

RABBE (Félix)
Les Maîtresses authentiques de lord Biron, 2ᵉ édit. 3 50
(*Voir* MARLOWE et SHELLEY)
Jeanne d'Arc en Angleterre......................... 3 50

RAMEAU (Jean)
La Vie et la Mort, poésies, 2ᵉ édition.............. 3 50

RÉCHETNIKOV (Th.)
Ceux de Podlipnaïa, roman trad. du russe, 2ᵉ édit.. 3 50

REMACLE (Adrien)
L'Absente, roman, 2ᵉ édition....................... 3 50

RENARD (Georges)
Études sur la France contemporaine, 2ᵉ édition... 3 50
RIBAUX (Adolphe)
L'Amour et la Mort, 2ᵉ édition.................... 3 50
RICHARD (Pierre)
Le Procès de la Ligue des Patriotes, 2ᵉ édition.... 3 50
ROBERT-COUTELLE (Emile)
Le Crédit foncier de France jugé par lui-même
 2ᵉ édition.. 3 50
ROD (Édouard)
L'Autopsie du docteur Z..., 3ᵉ édition............. 3 50
La chute de miss Topsy............................ 3 50
ROHLING (Auguste)
Le Juif selon le Talmud, traduction française, préface de Drumont, 2ᵉ édition...................... 3 50
ROSNY (J.-H.)
Nell Horn, mœurs londoniennes, 2ᵉ édition......... 3 50
Le Bilatéral, mœurs révolutionnaires parisiennes,
 2ᵉ édition.. 3 50
L'Immolation, étude de paysans, 2ᵉ édition........ 3 50
Le Termite, roman de mœurs littéraires, 2ᵉ édition. 3 50
Les Xipéhux, in-8................................. 2 »
ROUANNET (Léo)
Chambre d'hôtel, 2ᵉ édition....................... 3 50
Maxime Everault, roman parisien, 2ᵉ édition....... 3 50
ROUGIER (Paul)
Les Rêves, poésies................................ 3 50
ROUGIER (Elzéard)
Naufrage d'amour, 2ᵉ édition...................... 3 50

S

SAINTE-CROIX (Camille de)
La mauvaise Aventure, 2ᵉ édition.................. 3 50
Contempler, 2ᵉ édition............................ 3 50

Samarow (Grégor)

Les Scandales de Berlin, 4 vol................ 14 »
Sceptres et Couronnes, 2 vol................. 7 »
Mines et Contre-Mines, 2 vol................ 7 »

Savine (Albert)

Les Etapes d'un naturaliste.................. 3 50
Mes Procès, 2ᵉ édition....................... 3 50

Shelley

Œuvres poétiques complètes, traduction F. Rabbe,
  2ᵉ édition, 3 vol. à 3 50................... 10 50
Sa vie et ses œuvres, par F. Rabbe, 2ᵉ édition.... 4 »

Soloviev (Vladimir)

La Russie et l'Église universelle, 2ᵉ édition..... 3 50

Sorel, avocat

Catholicisme et Démocratie constitutionnelle, 2ᵉ édit. 3 50

Stepniak (S.)

La Russie sous les tzars, in-8, 2ᵉ édition........ 7 50

Sutter-Laumann

Histoire d'un trente sous..................... 3 50

Swinburne

Poèmes et Ballades, traduit par G. Mourey, avec préface de Guy de Maupassant. 2ᵉ édition....... 3 50

T

Taisey-Chatenoy (Marquise de)

A la Cour de Napoléon III, 2ᵉ édition........... 3 50

Talrich (Pierre)

Souvenirs du Roussillon, poésies catalanes, texte
  et traduction, in-8, illustré................ 3 50

Tandonnet (André)

Castille — Andalousie — Grenade, vues et souvenirs, couverture illustrée................ 3 50

Tardy (Joseph)

De Corfou à Dresde, 2ᵉ édition................ 3 50

Taxil (Léo)
La Ménagerie politique, avec 30 dessins de Barentin et Blass, 3ᵉ mille............................ 3 50

Taxil (Léo) et Verdun (Paul)
Les Assassinats maçonniques, 3ᵉ mille............ 3 50

Temple (Sir Richard)
L'Inde Britannique, traduit par Pêne-Siefert, 2ᵉ édit. 5 »

Tiercelin (Louis)
Amourettes, avec vignettes, 2ᵉ édition.............. 3 50
Les Anniversaires, poèmes nationaux, 2ᵉ édition.. 3 50
La Comtesse Gendelettre, 2ᵉ édition............... 3 50

Tikhomirov (Léon)
La Russie politique et sociale, in-8°, 2ᵉ édition.... 7 50
— — in-18, 3ᵉ édition.... 3 50
Conspirateurs et policiers, 2ᵉ édition............. 3 50
Pourquoi je ne suis plus révolutionnaire, texte russe, brochure in-8°................................ 1 50

Tolstoï (Comte Alexis)
La mort d'Ivan le Terrible, traduit du russe, 2ᵉ édit. 3 50

Tolstoï (Comte Léon)
Dernières Nouvelles, trad. du russe, 4ᵉ édit., portrait 3 50
Que faire ? traduit du russe, 3ᵉ édition............ 3 50
Ce qu'il faut faire, traduit du russe, 2ᵉ édition..... 3 50
Ma Confession, traduit du russe, 2ᵉ édition....... 3 50
Les Décembristes, traduit du russe, avec introduction historique, 3ᵉ édition........................ 3 50
Le Progrès et l'Instruction publique en Russie, traduit du russe, 3ᵉ édition........................... 3 50
Pour les Enfants, traduit du russe, 5ᵉ édition..... 3 50
L'Ecole de Yasnaïa-Poliana, traduit du russe, 2ᵉ éd. 3 50
La Liberté dans l'école, traduit du russe, 2ᵉ édition. 3 50
La Puissance des Ténèbres, drame en cinq actes, traduit du russe, 3ᵉ édition........................ 3 »

Tolstoï (Comte Nicolas)
La Vie, traduit du russe, 2ᵉ édition................ 3 »

***

La Triple Alliance de demain. — Alliés naturels de
la France. — La Neutralité suisse, 2e édition.... 3 50

V

Vandam (A.)

Causes célèbres de l'Angleterre (Affaire Colin-Campbell), 2e série........................... 3 50

Verdaguer (Jacinto)

Le Canigou, traduit du catalan, avec texte en regard,
2e édition.................................. 3 50
L'Atlantide, poème, traduction A. Savine........ 3 50

Vereschagin (Vassili)

Souvenirs, illustrés par l'auteur, 2e édition....... 3 50

Verga (Giovanni)

Les Malavoglia, mœurs siciliennes, 3e édition..... 3 50
Eva, traduit de l'italien, 2e édition.............. 3 50

Vidal (Jules)

Un cœur fêlé.................................. 3 50
Blanches Mains............................... 3 50

Vincent (Charles)

Les Cinq plaies de l'humanité : La Faim, 2e édit... 3 50

Villepreux (J. de)

Les Dégoûts, poésies (1887-90), 2e édition........ 3 50

Virmaitre (Charles)

Paris qui s'efface, 2e édition.................... 3 50
Paris-Escarpe, 10e édition...................... 3 50
Paris-Canard, 2e édition........................ 3 50
Paris-Palette, 2e édition........................ 3 50
Paris-Boursicotier, 2e édition................... 3 50

Vitoux Georges)

L'Agonie d'Israël, 2e édition.................... 3 50

Vorys (Jules de)

Popular, 2e édition, couverture illustrée,........ 3 50

W

WICKERSHEIMER (E.), ancien député.
L'Alliance franco-russe, réponse à M. Serge de Tatitscheff, brochure in-18 jésus, 2ᵉ édition...... » 60

WOLSKI (Kalixt de)
La Russie juive, *Monita secreta* des Juifs, 3ᵉ édit. 3 50

X

XAU (Fernand) et Mᵉ ALEXANDRE
La Question des Huissiers : Affaires commerciales. — Le Tarif de 1807, 2ᵉ édition.................... 3 50

BIBLIOTHÈQUE ANTISÉMITIQUE

Voir : DRUMONT, BERGOT, BONTOUX, BOURNAND, CHIRAC, DRAULT, DESPORTES, HAMON et BACHOT, KIMON, LAFARGUE, MARTINEZ, MEYNIÉ, NEMOURS GODRÉ, PONTOIS, SAVINE, ROHLING, TAXIL, TAXIL et VERDUN, VITOUX, WOLSKI.

Imp. du Progrès. — CH. LÉPICE, 7, rue du Bois, Asnières.

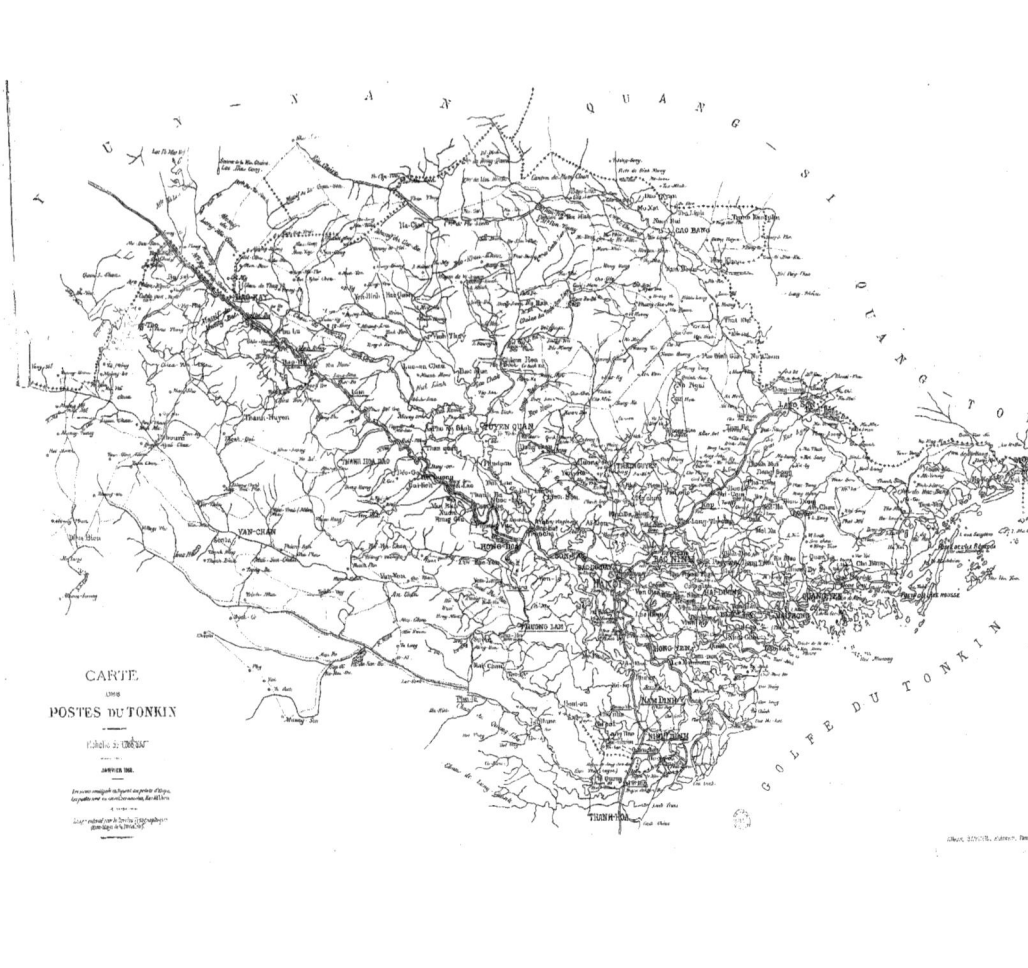

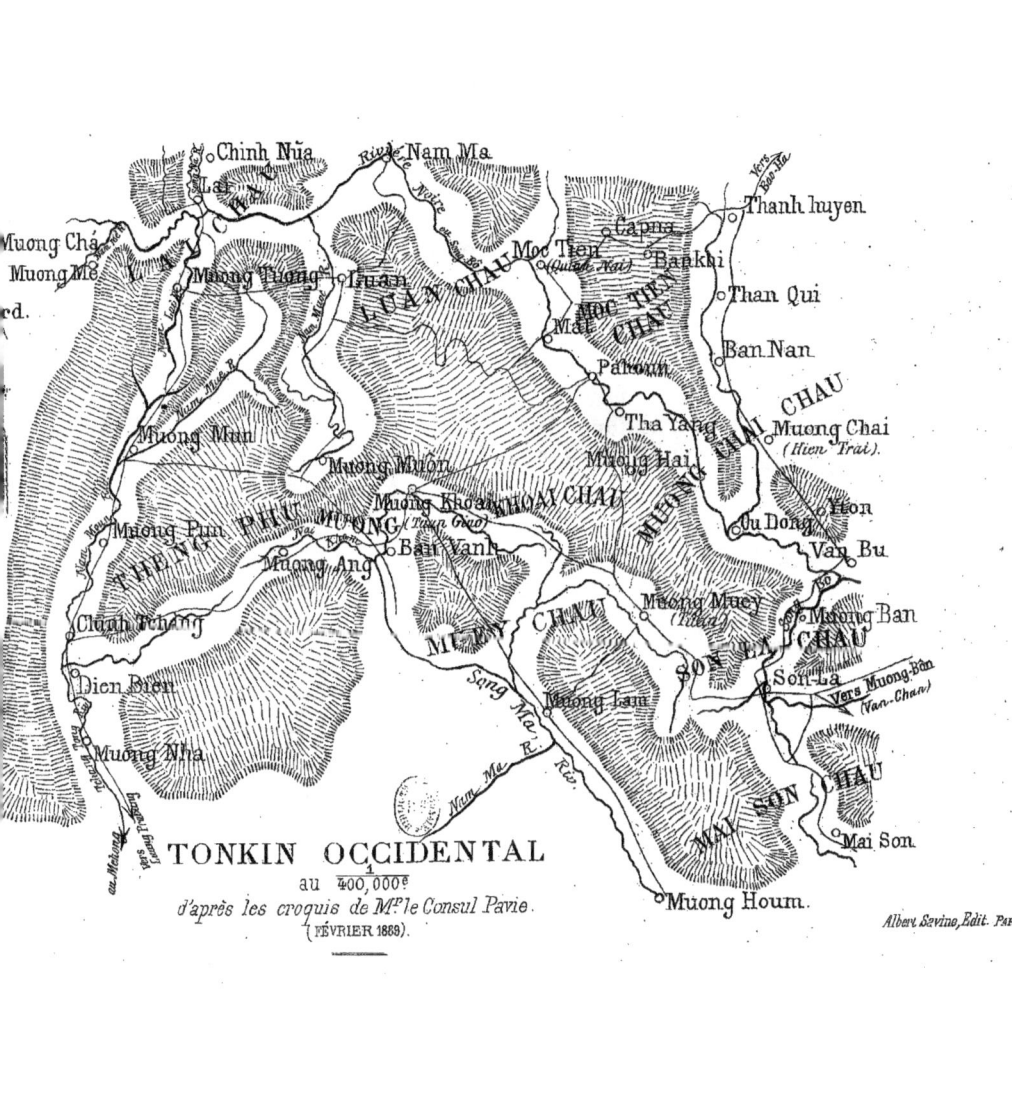

CARTE
de la Région contestée entre le Tonkin et le Siam.
(Extrait des renseignements du Capitaine Cupet).
(OCTOBRE 1888)

MÊME LIBRAIRIE

Envoi franco contre mandat ou timbres-post

GEORGES ANONNEAU
Cadet, de la Roussel e, 2ᵉ édition. 3 50
PAUL ADAM
En décor, 2ᵉ édition.............. 3 50
G. ALBERT-AURIER
Vieux, 2ᵉ édition................ 3 50
***
L'Armée française et son Budget en 1890, 2ᵉ édition............ 3 50
J. BARBEY D'AUREVILLY
Polémiques d'hier, 2ᵉ édition.... 3 50
Dernières polémiques, 2ᵉ édition. 3 50
Les 40 médaillons de l'Académie. 2 »
EL. BARRETT BROWNING
Aurora Leigh, trad. franç., 2ᵉ édit. 3 50
RAOUL BERGOT
L'Algérie telle qu'elle est, 2ᵉ édit. 3 50
GEORGE BONNAMOUR
Fanny Bora, 2ᵉ édition........... 3 50
Le Songe d'une nuit d'hiver..... 3 50
FRANÇOIS BOURNAND
Le Clergé sous la 3ᵉ République. 3 50
Les Sœurs des hôpitaux, 2ᵉ édit. 3 50
La Terreur à Paris, 2ᵉ édition... 3 50
CHARLES BUET
J. Barbey d'Aurevilly, sa vie et son œuvre, 2ᵉ édition.......... 3 50
AUGUSTE CALLET
Les Origines de la 3ᵉ République. 3 50
Dʳ A. CORRE
Nos Créoles, 2ᵉ édition.......... 3 50
GEORGES DARIEN
Bas les Cœurs! 1870-1871, 2ᵉ édit. 3 50
Biribi, discipline militaire, 5ᵉ édit. 3 50
CHARLES DELACOUR
L'Armée française (1870-1890), 2ᵉ éd 3 50
LÉON DELBOS
Les 2 Rivales (Angleterre et France). 3 50
ABEL D'ORS
La Femme aux nymphéas, 2ᵉ édit. 3 50
BARON DU CASSE
Souvenirs d'un aide-de-camp du roi Jérôme, 2ᵉ édition......... 3 50
FIDUS (Journal de)
I. Paris assiégé, 1870, 2ᵉ édition... 3 50
II. Capitulation, Commune 1871 (2ᵉ) 3 50
III. L'Essai loyal (1871-75) 2ᵉ édit. 3 50
IV. Le Prince Impérial, 2ᵉ édition. 3 50
AUGUSTE GAUD
Caboche-de-Fer, 2ᵉ édition...... 3 50
GUY-VALVOR
Sadi, 2ᵉ édition................. 3 50
A. HAMON et GEORGES BACHOT
L'Agonie d'une Société, 2ᵉ édition. 3 50
G. LAFARGUE-DECAZES
ISRAEL.—S. E. le Citoyen Vénal, 2ᵉ éd. 3 50
PASCAL LAUROY
Metz et le joug prussien, 2ᵉ édition 3 50
JACQUES LE LORRAIN
Le Rousset, 2ᵉ édition........... 3 50
NICOLAS LENAU
Poèmes et Poésies, 2ᵉ édition... 3 50
HENRI LE VERDIER
Un Modèle vivant, 2ᵉ édition.... 3 50
FRÉDERIC LOLIÉE
Les Immoraux, 2ᵉ édition....... 50
JEAN LOMBARD
L'Agonie (Rome IIIᵉ siècle), 2ᵉ édition 3 50
Byzance (VIIIᵉ siècle), 2ᵉ édition... 3 50

MARCEL LUGUET
Élève-Martyr, 2ᵉ édition.......... 3 50
En guise d'amant, 2ᵉ édit........ 3 50
JOSEPH MAIRE
Les Topasines, 2ᵉ édition........ 3 50
MARC MARIO et LOUIS LAUNAY
Vidocq, le roi des voleurs, 2ᵉ édit.. 3 50
Vidocq, le roi des amoureux, 2ᵉ édit. 3 50
Vidocq, le roi des policiers, 2ᵉ éd... 3 50
CHRISTOPHE MARLOWE
Théâtre, 2ᵉ édition, 2 vol......... 7 »
Couronné par l'Académie française
J.-H. MENOS
Lettres de Benjamin Constant, 2ᵉ éd. 5 »
ERNEST MERSON
Confessions d'un Journaliste, 2ᵉ éd. 3 50
GASTON MERY
L'École où l'on s'amuse, 2ᵉ édition 3 50
EUGÈNE MOREL
Petits Français, 2ᵉ édition....... 50
PAUL MOUGEOLLE
Le règne des vieux, 2ᵉ édition.... 3 50
FÉLIX NARJOUX
Francesco Crispi, 2ᵉ édition...... 3 50
L. NEMOURS GODRÉ
Les Cyniques, 2ᵉ édition......... 3 50
O'Connell, 2ᵉ édition............. 3 50
J. PÈNE-SIEFERT
Flottes Rivales, 2ᵉ édition........ 3 50
Marine en danger, 3ᵉ édition..... 3 50
A.-F. PISEMSKY
Théâtre, 2ᵉ édition............... 3 50
PAUL PONSOLLE
Le Tombeau des Milliards : Panama, 3ᵉ mille.................... 3 50
HONORÉ PONTOIS
Les odeurs de Tunis, 5ᵉ édition... 3 50
ARTHUR POUGIN
L'Opéra-Comique pendant la Révolution, 2ᵉ édition............ 3 50
THOMAS DE QUINCEY
Confessions d'un Mangeur d'opium. 3 50
FÉLIX RABBE
Les maîtresses authentiques de Lord Byron, 2ᵉ édition......... 3 50
Shelley, sa vie et ses œuvres, 2ᵉ édit. 4 »
REMY DE GOURMONT
Sixtine, 2ᵉ édition............... 3 50
AUGUSTE ROHLING
Le Juif selon le Talmud, 2ᵉ édition 3 50
ELZÉAR ROUGIER
Naufrage d'Amour, 2ᵉ édition..... 3 50
VLADIMIR SOLOVIEV
La Russie & l'Église universelle. 3 50
Marquise de TAISEY-CHATENOY
A la Cour de Napoléon III, 3ᵉ édit. 3 50
LÉO TAXIL
La Ménagerie politique, illust., 3ᵉ éd. 3 50
LÉO TAXIL et PAUL VERDUN
Les Assassinats Maçonniques, 4ᵉ éd. 3 50
***
La Triple alliance de demain, 2ᵉ éd. 3 50
CHARLES VINCENT
La Faim, 2ᵉ édition.............. 3 50
FERNAND XAU et Mᵉ ALEXANDRE
La Question des Huissiers, 2ᵉ éd 3 50
Monseigneur ZALESKI
Ceylan et les Indes, 2ᵉ édition.... 3 50

Paris — Imp. de G. BALITOUT et Cⁱᵉ, 7 rue Baillif.

www.ingramcontent.com/pod-product-compliance
Lightning Source LLC
Chambersburg PA
CBHW062009180426
43199CB00034B/1781